资本 中国资本市场高端读本

主　编 何小锋　执行主编 黄 嵩

学术支持　北京大学金融与产业发展研究中心
运营支持　北经堂（北京）文化交流有限公司
本期支持　中国股权投资基金协会、北京股权投资基金协会

CAPITAL

主　编 何小锋

执行主编 黄 嵩

资 本

名家谈PE

002

中国发展出版社

图书在版编目（CIP）数据

资本：名家谈 PE/何小锋主编. — 北京：中国发展
出版社，2011.9

ISBN 978-7-80234-718-2

I. ①资… Ⅱ. ①何… Ⅲ. ①企业—融资—研究—中国
②基金—投资—研究—中国 Ⅳ. ①F279.23 ②F832.51

中国版本图书馆 CIP 数据核字（2011）第 183666 号

书　　　名：资本：名家谈 PE
著作责任者：何小锋
出 版 发 行：中国发展出版社
　　　　　　（北京市西城区百万庄大街 16 号 8 层　100037）
标 准 书 号：ISBN 978-7-80234-718-2
经　销　者：各地新华书店
印　刷　者：北京科信印刷有限公司
开　　　本：700×1000mm　1/16
印　　　张：8.5
字　　　数：110 千字
版　　　次：2011 年 9 月第 1 版
印　　　次：2011 年 9 月第 1 次印刷
定　　　价：29.00 元

联 系 电 话：（010）68990630　68990692
购 书 热 线：（010）68990682　68990686
网　　　址：http://www.develpress.com.cn
电 子 邮 件：bianjibu16@vip.sohu.com

"中国股权投资基金发展论坛"和"全球 PE 北京论坛",是中国 PE 行业一年两度的盛事。这两个论坛邀请国内外 PE 名家纵谈中国和全球的 PE 发展,是中国 PE 行业层次最高、影响力最大的论坛。

我们选取了"2011 年中国股权投资基金发展论坛"和"第三届全球 PE 北京论坛"部分嘉宾的主题演讲和论坛发言,作为《资本》002 期的内容。

全国社会保障基金理事会是中国最有影响力的 PE 机构投资者,其管理资金的 10% 可用于 PE 投资。以 2010 年为例,全国社会保障基金理事会管理的资产总额为 8566.90 亿元,也就是说可用于 PE 投资的金额超过 850 亿元。目前,全国社会保障基金理事会已经投资了鼎晖、弘毅、中信产业基金、IDG 资本等一批优秀的 PE,但尚有 10 倍的投资空间。全国社会保障基金理事会戴相龙理事长的《珍惜和维护我国 PE 发展的好势头》一文,值得所有关心 PE 发展的人士认真一读。

PE 的立法和监管一直是各界人士关心的问题,目前的思路是修订《证券投资基金法》,将 PE 也纳入其调整范围。吴晓灵女士赴任全国人民代表大会财政经济委员会副主任委员后,就一直致力于《证券投资基金法》的修订工作,她的《从证券投资基金修法看一些理论认识问题》从理论的高度为我们阐述了《证券投资基金法》修改的相关问题。

中国股权投资基金协会是中国 PE 的全国行业协会,自创建以来，一直致力于推动和促进股权投资行业的健康发展与监管环境的完善，搭建和政府沟通的平台，帮助协会会员及时了解宏观形势，找准投资方向，共享投资经验和行业信息。中国股权投资基金协会邵秉仁会长从整个 PE 行业的高度为我们分析了《当前 PE 发展的问题及 PE 应发挥的作用》。

目前，从全球保险业配置未上市股权资产比例来看，日本为 30%，德国为 10%，美国为 5%，我国保险资金投资股权暂行办法规定，保险公司投资未上市股权的账面余额不得高于本公司上季度末总资产的 5%。整体上，我们还处于一个探索阶段。保险资金如何进一步参与 PE 的投资，中国保险监督管理委员会主席助理陈文辉提出了其《关于保险资金参与股权投资的看法》。

另外，全国社会保障基金理事会王忠民副理事长为我们分析了《资产配置中的 PE 趋势》。北京股权投资基金协会第三届轮值主席、中信产业投资基金管理有限公司董事长兼 CEO 刘乐飞先生作了《中国私募股权投资行业的回顾和展望》。北京大学的何小锋教授介绍了《股权投资母基金：PE 的专业投资者》。

《新形势下的 PE 发展》、《中国股权投资行业的发展环境与立法展望》、《多层次资本市场下的 PE 发展机遇》、《人民币基金与外币基金的融合与发展》，是当前中国 PE 行业最关心的问题。方风雷、赵令欢、吴尚志、衣锡群、刘乐飞、熊晓鸽、靳海涛、唐葵、何小锋、杨向东、林向红、李新中、周逵等 PE 界知名人士、专家学者，就上述问题分别论述了他们的精彩观点。

PE 的主流模式是有限合伙企业，有限合伙企业的本质是有限合伙人（Limited Partner, LP）与普通合伙人（General Partner, GP）之间的契约。中国投资有限责任公司监事长金立群、中国人寿资产管理有限公司董事长缪建民、厚朴投资董事长方风雷、弘毅投资总裁赵令欢、鼎晖投资董事长吴尚志、淡马锡控股首席投资官兼高级董事总经理苏庆赞、KKR 全球合伙人兼大中华区总裁刘海峰、黑石投资大中华区主席梁锦松、TPG 中国区董事总经理兼合伙人马雪征、曼达林基金管理公司创始人 Alberto G. Forchielli 等 PE 界知名人士，在《境内外 LP 交流》与《国内外 GP 管理经验分享》中，与我们分享了 LP 和 GP 优秀代表机构的宝贵经验。

最后，我们感谢"中国股权投资基金发展论坛"和"全球 PE 北京论坛"的主办单位中国股权投资基金协会和北京股权投资基金协会对《资本》的大力支持，感谢中国股权投资基金协会邵秉仁会长和北京股权投资基金协会方风雷会长，感谢中国股权投资基金协会会长助理郭薇女士。本书全部论坛内容由北京股权投资基金协会根据现场速记稿整理，未经本人确认。

目 录

CONTENTS

专 题 >>>

讲　座 >>>

专 题

珍惜和维护
我国PE发展的**好势头**

◎戴相龙

股权投资基金（PE）的发展对我国调整金融结构、经济结构，为人民增加财富具有重要的意义。1997年，中共中央国务院关于金融改革的通知中有一句话：要研究制订产业投资基金管理办法。请注意是1997年，当然后来在人民银行，我们曾经制定过《产业基金管理办法》，后来这个项目由国家发改委完成，他们做了大量的工作。但是由于诸多原因，可能条件不具备，在当时主要是在防范银行的风险。所以基金出米，有新的风险。后来到了天津以后，我们逐渐建立产业基金，总的是200亿，第一期60多亿。现在全国社保资金的10%可以投资PE，到现在投资了五家，我们觉得这个问题不是一件小事，是一个非常大的大事。

目前，中国PE的发展势头是很好的。

第一，由于国务院高度重视，所以全社会对于发展PE的重要性认识普遍提高。去年12月份，国务院决定制定股权投资基金管理办法，目前发改委还在继续按照原来的授权不断地批一些新的基金投资管理办法。现在看来，不但是国务院和发改委，而且我们四个直辖市政府都出了很多管理办法，现在已经到了沿海城市都开始批一些基金，所以它的形势是很好的，首先大家认识PE了。

第二，基金的资金来源更宽广了，基金的管理队伍更壮大了。现在看来不但我们机构投资者的钱、社保基金的钱，包括养老基金，都在拿一部分进去，大家知道去年底有18000亿的养老金的进入。但是如果投资达到10%，那就是1万多亿。与此同时，商业保险的钱也开始一部分用于股权投资基金。最近国务院下发的2010年13号文讲到要推进民间投资，我认为民间投资的发展将会对PE资金的来源产生新的意义。来源扩大了，我们本土的经营管理队伍也就扩大了，有了经营管理，本土的资金管理队伍。另外，注册在香港的中华创业投资基金协会，众多会员，已经从香港到了内地，从原来搞美元基金，到现在搞人民币基金，这是非常大的变化。同时，我们批外国PE管理公司到中国来合资或者是独资，来管理人民币基金，所以三路大军都发展得非常好。

第三，有了一大批的基金在运行。

第四，PE投资已经开始在调整经济结构、促进中小企业发展、提高中小企业的管理素质等方面发挥作用了。

所以我总的认为，当前是我们国家股权投资基金发展最好的时期。我们要运用好这个时期，珍惜好这个时期，发展好这个时期。

我谈几点意见。

第一，要坚持股权投资基金的基本功能，不要走样。什么叫股权投资基金？有很多说法，但是产业投资基金、股权投资基金是差不多的。第一，它是选择成长型的，特别是中小企业。第二，倒过来讲，是具有管理水平，实践证明有管理能力的人来管理这些企业。向谁投资？向中小企业、成长型的中小企业。第三，有比较深入、有效的增值服务。第四，在柜台交易中心进行股权对接。

所以我认为一定要坚持股权投资基金这个基本的功能。如果把股权投资基金变成搞几个大项目，那个就叫做投资公司了。另外一般的基础设施、投融资的，不排除我们有一些基金可以选择，但最重要的是基金的功能，还要具备专业性、增值性。所以我们围绕这样一个功能来进行。

第二，要依法推进。这个依法推进，最重要的是什么？规定投资人、管理人的权益、责任以及分配等等。我个人有一个建议，如果是国务院去年说的，要制定股权投资基金管理办法，很快地出来，那就最好了。它的属性提高了，而且我们也实践了 10 多年。条例也好，办法也好，我感觉除了管理人、托管人，要扩大基金的资金来源，现在我们机构投资者或者是国有控股公司的市场是非常广的。

还有一个办法，在 PE 发展形势很好的时候，抢钱，抢管理人。管理人最宝贵。也抢登记，牌子要大一点。我看到有一些地方，随着地方命名一个基金，如果变成哪个地方的基金肯定就不好管理了。我不知道这个名字是怎么来的。再就是协会也是很重要的，一定要成立自己的协会，但是我认为中华创业投资基金协会管理做得不错，最重要的一条，要让管理公司建立起来，这是最重要的。要坚持依法来管理。

第三，要坚持中小基金投资，在当前要坚持中小基金投资，当然也可以探索建立大型基金的路子。最近很多人向我们提出了募集资金，我们一般来说还是要支持 50 亿以下，实际的募集资金在 50 亿以下的中小型基金。为什么这么做？第一，我们的管理人可能有一个想法，要让这些管理人员直接来管理基金，所以说我们要充分运用国内有管理经验的管理人才，让他们管理中小基金。这是基金发展的必然趋势。当然从中国的发展来看，还刚刚开始。所以，第一还是人才。如果是基金的数额比较大，它直接去投资了，它为什么非要把钱放在里面，而不是自己去选择？所以基金事业的发展，一定要重视，但是发展到大型有一个过程。对大型基金的运作，权益关系，包括怎么收费等等，要深入研究，我们也要创造条件来推进。

第四，要坚持对历史负责任的态度。基金跟银行有很大不同。银行的制度比较严格，基金也不能像银行那么建，它本身不是金融货币，它有钱，它维度大。所以我认为我们要对历史负责。外国基金行业出问题，我们要吸收它的教训，要创建符合我们国家特点，当然也符合这个行业惯例的制度。无论是基金的审核者，还是投资人、管理人，还是管理人，都要对历史负责。因为这个问题非常重要，投资一般七八年才回来，七八年在中国，管理公司发生什么变化，管理人发生什么变化都很难说。因此我们所有的相关人员，刚才我说的包括审核人、投资人、管理人，以及所有有关的部门人员都要尽其职责，承担历史责任。这个不是分到钱，是分到了责任，实际上是领取了一个考试卷，要经过七八年以后才交卷，到那个时候才能说明你是不是合格的。所以我们要承担这样的责任，珍惜这样的机会，创造我们的品牌，我们一定要对历史负责。我搞基金投资七八年下来，现在我做的事一笔一笔都记录下来了，是怎么选的，你们怎么管的，一定要有历史责任，要去除杂念，去除浮躁，要对投资人负责，对我们国家负责。

因此，我主张一定要从现在起创建基金管理文化，要树立基金管理人的道德标准，让人家感觉到你是基金管理公司，很有水平。我通报一下，我们社保基金会，去年自己的基金是700亿，我们还有委托别人的，10%可以用于PE。现在我们选了五个基金，有的基金马上要第二次投资了，表面上看慢，但是我们探索了制度，探索了途径，形成了规章，所以我们完善制度，加强专业管理，推动这项工作。我们投资并不是在一两年内马上达到，而是要根据市场，根据条件逐步推进，有好项目就快点出来，没有好项目就等一等。我们的投资范围是国家发改委备案的基金管理公司，但我希望对我们的投资适当放宽，包括直辖市批的那种基金，我看也很好。另外，我们对基金管理人的选择有一个条件，一定要有专业性，还要有有效性，还有就是专注性。我们还要有投资程序，一旦国家发改委备案了，我们高层人员将和你们进行一次深层次的交谈，首先我们谈，谈完以后如果差不多，你就给我们交一个募集资金的文书，募集资金的文书拿到手，我们会做尽职调查，然后还会搞一个商务谈判，最后达成意向，决策委员会批准。

所以我们也对历史负责，对大家负责。别把我们只看成投资人，我们也是管理机构。现在地方政府，一些养老金都开始委托我们。我们愿意向国内外的管理公司或者合伙人学习，把我们的投资共同做好。我们注意对投资对象的选择，我们不在乎管理公司的股份，我很超脱，我们就是站在外面，高标准的选择，用我们定义的办法来选择，我认为对我们是保值，对管理公司也是一个促进。

戴相龙 ◀ 全国社保基金理事会理事长

从证券投资基金修法看一些理论认识问题

◎吴晓灵

▷ 一、证券的定义

金融法律的制定是为了规范各类金融行为，对证券的定义确定着哪些行为需要用哪些规则加以规范。说文解字，证券是一种证明的凭证。证明什么？证明出证人与持有人之间涉及金钱行为的关系，因而证券有股票、股权凭证、债券、债务凭证等等。1934 年美国证券交易法对"证券"采取了列举的方式予以说明，这是为了避免过于简单的定义造成实践中的歧义。

美国 1934 年证券交易法："证券"一词系指任何票据、股票、库存股票、债券、公司信用债券、债务凭证、盈利分享协议下的权益证书或参与证书、以证券作抵押的信用证书，组建前证书或认购书、可转让股票、投资契约、股权信托证，证券存款单、石油、煤气或其他矿产小额利息滚存权，或一般来说被普遍认为是"证券"的任何权益和票据，或上述任一种证券的权益或参与证书、暂时或临时证书、收据、担保证书、或认股证书或订购权或购买权。

我国在立法工作中也采取了类似的技术，没有给出明确的定义，而是采取了指明每部法律中所规范的证券种类。

《证券法》第二条规定："在中华人民共和国境内，股票、公司债券和国务院依法认定的其他证券的发行和交易，适用本法；本法未规定的，适用《中华人民共和国公司法》和其他法律、行政法规的规定。政府债券、证券投资基金份额的上市交易，适用本法；其他法律、行政法规另有规定的，适用其规定。证券衍生品种发行、交易的管理办法，由国务院依照本法的原则规定。"

证券法规范股票、公司债券、政府债券、证券投资基金份额的上市交易，但不意味着证券没有其他形式，该法中就明确了"国务院依法认定的其他证券"，其他证券是什么？起码说明还有本法未列举的证券。

证券投资基金法是一部法律，它也有权力规定它所调整的证券范围。股权凭证应该是证券，股权凭证是证明公司股东享有相应权利的凭证。根据《公司法》第126条的规定，股份是股份有限公司股权份额化的形式，股票是公司签发的证明股东所持股份的凭证，是股份有限公司股份凭证化的专属名词，是一种标准化的股权凭证，因此，股权凭证包括已上市或未上市的股票。同时，股权凭证也包括有限责任公司向其股东签发的出资证明。

《证券法》第十条规定，公开发行证券要经国务院证券监督管理机构或者国务院授权的部门核准，这就证明还有未公开发行的证券，因而不能认为未公开发行和上市交易的股权凭证不属于证券范畴。如果有了这种共识，在证券投资基金法中把"买卖已上市或未上市的股票等股权凭证、债券、其他证券及其衍生品种"纳入证券投资范围则是顺理成章的。

证券投资基金法调整的范围也包括投资于未上市股权的基金，这是本次修法的一个重大调整。

▶ 二、金融活动的行为准则与监管边界

金融立法是为了规范某类金融行为，相同法律关系的金融活动应遵循同样的行为准则。至于这种行为准则的实施是靠行业自律还是靠代表公权力的监管机构来强制推行，则应从成本效益的角度加以区分。

金融活动是一种货币财产权的运用，国家应保证这种产权的交易自由，财产所有人应承担自己行为的收益与风险。而当某一金融活动涉及众多小投资人的利益时，搭便车现象就会严重，为维护市场秩序和保护小投资人利益，需要公权力的介入。

证券投资基金有四个共同的要素：①筹集资金；②专业机构受托管理；③受托人按合同以自身的名义进行投资；④投资人（委托人）承担风险获取收益，管理人（受托人）收取管理费。这是标准的资金信托关系。

信托的定义。《信托法》第二条规定："本法所称信托，是指委托人基于对受托人的信任，将其财产权委托给受托人，由受托人按委托人的意愿以自己的名义，为受益人的利益或者特定目的，进行管理或者处分的行为。"核心是第三方受托管理，建立信托契约。

所有的证券投资基金在忠诚守信、合规交易等方面应遵守同样的行为规则。但由于有些基金只向少数合格投资人募集资金，行为的外部性较小，监管可以少介入，主要靠行业自律。法律应将这类基金纳入行为调整范围，实行有区别的监管。

按法律关系和行为准则立法、按行为的社会效应进行有区别的监管是本次修法的理念体现。

▷ 三、基金的组织形式与投资人利益的保护

证券投资基金是一种信托契约，可以设置为一种资金集合计划，即我们一般所讲的契约型基金，这种类型的基金由持有人大会监督管理人维护基金持有人的利益。在向少数合格投资人募集资金时对投资人利益的保护效用好些，但如果是向小投资人公开募集则搭便车现象严重，需要监管权力的介入，比如公募的证券投资基金。

为了有效保护投资人的利益，有些基金，特别是私募基金采用了公司型和有限合伙型的组织形式。这些基金有公司和合伙企业，不从事实体经济活动，只是资金的集合。投资人是委托人和受益人，基金管理人与托管人（如果有的话）是受托人或共同受托人。公司型基金由董事会代表持有人意志选择基金管理人和托管人；有限合伙型基金为加强对管理人的约束，要求与管理人有关联关系的普通合伙人承担无限责任。公司型和有限合伙型基金的管理人以自身名义，代表基金份额持有人行使诉讼权利或实施其他法律行为。

基金是资金的集合，是投资的渠道。根据不重复纳税的原则，基金的投资人获取基金投资收益后要纳税；基金的资金投入一个主体后，在主体运行环节需纳税；基金管理人是市场纳税主体，从基金获取管理费及其他收益后也要纳税。基金这个资金集合在这些环节中都是通道，因遵循各自纳税的原则，这样对投资人才是公平的，也符合降低交易成本、提高资金适用效益的原则，是对投资人利益的最大保护。

所有的行为规范都应秉承实质重于形式的原则，对那些证券投资基金法修法之前成立的公开或非公开募集资金、设立公司或合伙企业专门进行证券投资活动的，应纳入同一法律调整其行为。

对同一法律关系的金融行为纳入同一法律进行调整，并不影响国家

对其中某些特殊的基金采取特殊的政策支持。比如对于创业投资基金（或创业投资公司），国家可以有特殊的扶植政策，就像国家对小额信贷及小额信贷的发放机构也可以有特殊扶植政策一样。

吴晓灵 ┃ 全国人大财经委员会副主任委员

当前PE发展的问题及PE应发挥的作用

◎邵秉仁

一、PE 行业发展现状

回顾 2010 年，可谓是全民 PE 的繁荣抑或疯狂。人民币基金募集风光占尽；各地政府频出新政，股权投资环境优化；创业板一周年 134 家企业登陆；各地加速建立健全场外交易市场。2010 年可以说是中国股权投资基金行业名副其实的退出和收获之年。

进入 2011 年，全球经济喜忧参半，发达国家整体经济进入实质性恢复阶段，但国际金融市场也受到诸多不确定因素影响，其中包括日本遭受地震后经济出现后退，美国持续推行量化宽松的货币政策，欧元区国家主权债务问题悬而未决，中东、北非政局紧张等。

在此宏观环境下，中国第一季度经济保持平稳较快增长，GDP 同比增长 9.7%。与此同时，中国的股权投资基金行业保持火热势态。在 2011 年"两会"上，政府工作报告明确提出要"提高直接融资比重，发挥好股票、债券、产业基金等融资工具的作用，更好地满足多样化投融资需求"。随后，上交所和深交所分别提出扩容规划，上交所计划未来 5 年每年新增上市公司 50 家，深交所则拟每年扩容 350 家。这些都可谓是股权投资基金行业重大利好消息！

第一季度中国股权投资基金募资热情不减，共有 54 只可投资中国大陆地区的基金完成募集，募资总额 122.82 亿美金，其中人民币基金占绝对主导地位。从投资角度来看，一季度共完成投资交易 307 起，其中已披露金额的投资交易总量近 40 亿美金；从退出来看，一季度已经实现上百笔的 IPO 退出。投资集中的行业有机械制造、电子及光电设备、互联网、生物技术、医疗健康以及清洁技术。

二、行业现存问题

最新统计数据显示，现在在中国大陆境内活跃的股权投资基金和机构已经多达 2600 家。在股权投资基金行业欣欣向荣发展之际，我们也要清醒地认识当前股权投资基金行业中显现的一些问题。

问题一：追求"短期造富"，过度关注拟上市公司项目

目前在中国，一方面是 480 万户中小企业绝大多数都面临着不同程度的资金短缺，融资举步维艰；另一方面股权投资基金大都只关注年实现利润在 3000 万元人民币以上且有上市意图的企业，围抢拟上市公司的项目。虽然拟上市阶段的投资项目以其风险低，投资回报期短等特点受到追捧，但这种企业资源毕竟有限，股权投资基金挤在一起抢单子，势必会推高被投企业所有者和管理者的心理期待值，这种短线投资大都是单纯的财务投资，"选谁都一样，谁出价高选谁，谁关系硬选谁"。基金盲目扎堆拟上市项目，不可避免地推高了项目的估值和价格，造成了泡沫的集聚和蔓延，无序竞争大大增加了股权投资基金行业的风险，也严重影响了基金行业的健康发展。

国际上规范的股权投资基金通常会为被投企业提供增值服务，其中包括改进企业的治理结构，帮助企业制定发展战略，推动企业技术创新，

帮助企业遴选合适的管理团队，这样才能为企业的长期成长提供扶持和帮助，从而为股东、员工和社会创造真正的价值。

我们呼吁国内的股权投资基金应有"放长线、钓大鱼"的眼光，更多地为有发展前途的创新型中小企业提供融资，为中国中小企业提供现代经营理念，推动中小企业的机制创新和产业升级。我们也欣喜地看见市场上已经出现中小企业融资的一些创新模式，例如"投贷联动"模式，即一些商业银行和股权投资基金联手，通过股权投资机构进行专业的企业调查评估和行业分析，在股权投资的基础上，以债权形式为中小企业提供融资支持，形成了股权投资和银行信贷之间的联动融资模式。这种创新式的发展应该鼓励。

问题二：短线投机，漠视规则

股权投资机构为了追求"短期回报"，被投企业高管期待短期套现，投资银行为了获取高额的承销佣金，很多被投企业在本身运营能力和财务状况并未达到在公开市场进行募资的能力，就被包装成"概念"在境内外上市，这些问题都反映了行业高速发展阶段从业者心态的浮躁。

最近中国概念股在美国大规模破发引发的热议，以及多家上市公司财务信息披露真实性问题的频现，大大损害了中国实业界在国际资本市场的形象和长期融资能力。而 A 股同样跌跌不休，2011 年上市的企业有七成遭遇破发，这都是证券市场投资者对上市公司"过度粉饰性包装"以及"信息造假"的"用脚投票"。我们呼吁股权投资基金行业要重视被投企业的"诚信形象"和"社会责任"，被投企业特别是上市公司一定要遵循现代公司治理原则和运营原则，执行企业内部控制标准，确保财务报告和披露信息的真实准确性。

问题三：募资环节无视契约精神，从业人员执业水平良莠不齐，大浪淘沙势在必行

募资热情高涨的背后，隐忧显著。健康的 LP 和 GP 的合作关系是对资金进行有效管理的根本基础，但目前国内合格机构 LP 数量较少，

LP 的构成相对分散和复杂，一些 LP 和 GP 对契约精神的理解和遵从极不规范，往往是简单的资金承诺就可以推出一只股权投资基金，导致股权投资基金遍地开花以及伴生的"浑水摸鱼"者非法集资、全民皆 PE 等怪现状。

随着国内政策环境的优化，各级政府部门和国民的认知增加，各路新兴投资机构不断涌现，从券商直投，到保险机构开闸，银行系"暗流涌动"，企业家和民间资本投身私募，竞争格局势必加剧，投资压力随之而来。自 2010 年，中国私募股权投资行业队伍迅速壮大，目前行业从业人员水平参差不齐，缺少行业道德自律和社会责任感，加之外部的监管并不完善，相关的规范制度建设仍旧滞后，有些急于分一杯羹的新设机构，并未建立规范化的管理机制，也没有形成完善的业务流程，表现为尽职调查和投资决策草率，风险控制不足等。

综上所述，看似风光无限的私募股权投资基金行业，今明两年势必将发生"大浪淘沙"的行业洗牌，将有一批品牌机构脱颖而出，也将有很大一部分机构由于经营不善被淘汰出局。

三、股权投资基金行业应发挥的作用

作用一：拓宽直接融资渠道，解决中小企业融资难

金融危机后，尽管中央政府投入大量资金，并引导银行投入大量贷款，加上地方政府大量举债，但主要投向了基础设施和城市改造，对实业投资比例并不大，因而对改善产业结构的拉动作用并不大，反而变相推动了物价的上涨。虽然 2010 年新 36 条和兼并重组意见等政策均鼓励民营资本进入垄断行业，但实际操作困难，很多领域民营资本仍只是隔着"玻璃"望洋兴叹。国有企业垄断地位反倒是愈发的强化，中小企业生存空间缩小和融资难问题恶化。这对促进就业和改善经济结构都极为不利。

对此，一要加快改革，打破垄断，真正落实多种经济成分平等的市场地位；二要促进股权投资基金更多投向实业、投向中小企业。在这两方面，都希望股权投资基金能发挥更大的作用。

作用二：促进资金投向实业，改善经济质量

金融危机前，刚刚统一对科学发展的认识，但危机后地方发展经济异常的冲动，几乎到了不计任何后果的疯狂地步，大规模圈地、拆迁，以央企为主要目标招商，以牺牲农民利益为代价廉价出让资源；各地形象工程层出不穷，几乎每个城市都在造新城，没有任何产业支撑，实际上是空城。中央提出的科学发展观已经成为一句空洞的口号，只要GDP上去，不管是否科学，高指标压力下甚至弄虚作假，在税收和财政上制造虚假繁荣。凡此种种，有着深刻的政治、经济体制方面的原因，不是靠改变投资结构就能完全解决的。但如果股权投资基金能把投资方向更多地转向实业，至少可以不推波助澜，蜂拥而上去制造泡沫和虚假繁荣。

作用三：应更多投向国家提倡并鼓励发展的战略性新兴产业，促进产业结构更加合理

要充分发挥股权投资基金在风险投资和创新投资领域中的引领作用，选好、选准项目并长期关注，投资重点应放在关键技术的研发应用上，切忌急功近利、助长盲目炒作概念和烂铺摊子。

以新能源领域为例，前段时间内蒙古和甘肃河西走廊出现的因风电设备质量问题导致大范围脱网，对电网的安全运行造成严重危害，需要引起我们的高度注意。而太阳能硅晶板高能耗、高污染以及储能技术等问题都没有实质性突破，也不应鼓励其盲目扩张和发展，对此股权投资基金要十分慎重。

由于股权投资基金的自我约束远大于国有企业，所以推进中国产业升级和产业结构改善都寄希望于股权投资基金行业能发挥更大的作用。

四、行业协会的目标

中国股权投资基金协会自创建以来，致力于推动和促进股权投资行业的健康发展和监管环境的完善，搭建和政府沟通的平台，帮助协会会员及时了解宏观形式，找准投资方向，共享投资经验和行业信息。与此同时，协会将加强行业自律，制定自律规范和市场准入准则，积极参与到中国市场经济领域有关股权投资的法律、法规、政策的建议、制定、修改以及宣传、推广、执行等各项工作中去；协会将进一步加强行业从业人员的培训，提高从业人员的素质，特别是提高从业人员的社会责任感以及对社会、民生和环保的关注度。

协会将在以上各方面继续推进工作，也感谢协会会员单位的支持和政府有关部门的支持。

我们会继续努力将中国股权投资基金协会建设成为有行业影响力的权威品牌；有政策影响力的交流平台；有商业影响力的基金群体；以及有情感凝聚力的协调机构。

邵秉仁　中国股权投资基金协会会长、全国政协人口与环境资源委员会副主任委员

关于保险资金参与股权投资的看法

◎陈文辉

一、2010 年前三季度保险市场的运行情况

　　2010 年前三季度，面对复杂的国内国际经济金融形势，保险行业保持了一个良好发展势头。经营理念和发展方式发生了积极的变化，总体上呈现快中趋稳，稳中向好的特点。从发展的速度来看，我国保费收入在世界上居于前列。近三年来由于受国际金融危机影响，全球保险业增速趋缓，欧美等主要工业国家保费收入增速下滑，而我国保险业逆势而上，继续保持平稳较快的增长。根据瑞士保险杂志提供的数据，2008 年全球以美元计价的保费收入，扣除通货膨胀因素，增速是 −2%，工业化国家保费增长速度是 −3.4%，同期我国的保费收入增长是 31.4%。2009 年全球保费收入增长为 −1.1%，工业化国家是 −1.8%，我国是 14.6%。2010 年截止到三季度末，我国实现保费收入 1.1 万亿元，同比

增长 32%。保险业务结构成效初步显现。资金配置结构不断优化，整体实力明显增强，截至 2010 年 9 月底，保险公司总资产达到 4.8 万亿元，较年初增长 18.1%，净资产 4394.3 亿元。保险资金运用结构较为合理，整体风险可控。从效益来看，盈利能力持续增强，利润总额大幅提升。截至 2010 年三季度末，保险业预计实现利润总额 401.1 亿元，其中财产险公司扭亏为盈。资产管理公司预计利润总额为 14.67 亿元，同比增长 34.3%。

二、关于保险资金参与股权投资的几点思考

随着我国保险市场快速发展，保险机构已经成为金融市场的重要机构投资者，客观上要求在确保安全性、流动性前提下，不断拓宽资金运用渠道，2010 年保监会发布了《保险资金投资股权暂行办法》，允许保险资金投资未上市企业股权，扩大了保险资金自主配置的空间和弹性，进一步拓宽了保险资金投资领域，有利于优化我国保险资产配置，缓解投资压力，分散投资风险，保障资产安全。同时，我们立足于保险业处于发展初级阶段的实际，着眼促进保险资金运用长期持续健康发展，对保险机构参与股权投资的能力、风险控制和管理责任提出了明确的要求。

一是保险资金参与股权投资是一项新事物，需要积极探索。PE 作为一种创新的投资方式，可以获得高回报，有利于促进并购重组，是改善保险资产负债匹配的重要工具之一。目前从全球保险业配置未上市股权资产比例来看，日本为 30%，德国为 10%，美国为 5%，我国《保险资金投资股权暂行办法》规定，保险公司投资未上市股权的账面余额不得高于本公司上季末总资产的 5%。整体上，我们还处于一个探索阶段。PE 在我国属于新兴投资领域，仍处于成长过程中，相关的法律法规有待于进一步完善，其成熟和壮大还需要一个长期过程。保险资金

参与股权投资，也是一项新事物，需要积极稳妥推进试点，不断总结经验，创新投资模式，加强改进监管，不断提高保险资金参与股权投资的质量和水平。

二是坚持防范风险不放松，审慎对待保险资金参与股权投资的潜在风险。有人说PE本身就是双面矛盾体，是魔鬼和天使的混合体。从保险资金的特性来看，储蓄性资金占大部分，直接关系广大被保险人的直接利益和社会安定。保险机构本身是风险管理机构，为公众提供安全保障，不能为被保险人带来新的风险。因此，保险资金参与PE投资，需要审慎关注。可能存在的风险：一是PE投资追求高风险、高收益，期限长，流动性较差；二是PE属于私募，透明度不够，监管相对不够；三是PE投资实现最终收益主要是靠收购、兼并和上市，不确定性较大。我国保险资金进入PE市场，应该审慎对待，及早防范风险。

《保险资金投资股权暂行办法》在以下方面做了明确的要求：一是明确投资主体的资质，保险公司作为投资主体，应当在公司治理、内部控制、风险管理、资产托管、专业队伍、财务指标等方面达到监管的标准，体现从严管理和能力优先的原则，明确规定投资管理机构和中介服务机构的资质。二是界定投资标的，明确保险资金只能投资于处于成长期或者成熟期的企业股权，不能投资创业投资基金，不能投资高污染、高耗能等不符合国家政策和技术含量较低、现金回报较差的企业股权，不能投资商业住宅，不能直接参与房地产开发，不能投资涉猎房地产企业。三是规定投资方式，在一定条件下允许保险公司直接投资企业股权和不动产，但对投资团队、偿付能力、财务指标、净资产规模等提出了较高的资质要求。支持保险公司借助投资管理机构的特长和优势，通过间接投资方式，实现股权和不动产投资目标，防范道德风险和操作风险。

三、不断加强改进监管，规范保险资金投资股权行为

此次国际金融危机爆发之后，欧美各国针对 PE 出现异化危及公众利益等问题，普遍加强了对 PE 的监管，下一步保监会坚持积极稳妥推进试点，着力从以下几个方面加强监管，促进保险资金股权投资的健康发展。

第一，从四个方面进一步加强监管制度的建设。一是建立核准制，重大股权投资应当核准；二是建立报告制，其他股权投资事项采取年度报告；三是建立评估制，加强对有关机构的投资能力、资产价值和资产质量方面的评估；四是建立检查制，采取停止业务、限制比例、调整人员、处置资产、限制分红、限制薪酬、纳入黑名单等措施。

第二，建立健全风险控制机制。根据股权的投资特点和风险控制，对风险控制做了系统性安排。要求保险机构建立决策制度，规范操作程序，加强后续管理，持续监控风险，制定应急预案，防范操作风险和管理风险，明确投资比例、退出机制、信息披露等事项，规定监管机构可以通过能力评估，加强投资运作监管，防范系统性风险。

第三，进一步夯实监管基础，进一步提高保险资金股权投资的信息化水平，健全监管指标体系，加强在线监管和实时监管，有机结合现场监管和非现场监管，开展多种形式的检查，提高非现场分析水平，加强对保险资金运用的调控和指引，不断提高保险资金股权投资监管的有效性和针对性。

总的来说，对于 PE 这样一个新生事物，保险业希望积极参与，也希望通过这种方式，改善保险业的收益水平和资产负债管理的能力；但是另一方面，我们对于新生事物也要加强监管，防范风险，以避免一个好的事情最后没有做好，反而影响到这个行业发展。

陈文辉 ◀ 中国保险监督管理委员会主席助理

资产配置中的 PE 趋势

◎王忠民

　　我在跟境外的机构交流碰撞的过程中，有一个清晰的感觉，全球金融资产管理机构的资产配置，股权投资基金（PE）方面的比重有逐步提高的发展趋势。这主要是因为全球金融危机以后，在全球以美元为主的量化政策推动之下，西方国家的货币向实体经济流动的趋势远没有向金融投资领域流动的趋势强，另外也造成了向本国实体经济流动的趋势远没有向新兴市场经济体流动的趋势强。所以造成了全球资产配置当中，一方面向新兴市场体二级市场流动，造成二级市场波动；另外一方面，通过私募股权的投资，向新兴市场体的 PE 直接投资领域推动，造成了对新兴市场体直接投资的配置比重逐步增大。大体上看来，过去在全球投资机构当中，有 5% 左右的新兴市场体配置会逐步地在未来几年当中，以每年大概一两个百分点的速度在提高它的资产配置。这应该是大的金融资产管理机构的一种基本趋向。

　　中国 PE 投资将在资产管理领域中迅速发挥更多的作用，或者说逐步地会表现出不差钱的倾向，这表现在几个层面。第一个层面是国有企业近几年把自己的利润更多地用于投资领域当中，过去都是自己投自己的钱，但是可能市场上会发生一些强烈的变化，第一，国有资本经营预算，在中断了一个时期以后，又必须按照一定的百分比上交，你不投出去的话，上交的压力更大。第二，国有资本投资直接投资的责任性要求比过去也更加强大，如果通过 PE 投出去，风险相对减少，责任相对会比直接投资责任减轻。第三，我们还可以看到，大型国企还会面临主要领导者的退休问题。在大型国企主要领导者从一把手的位置退下来以后，最好的去处是什么呢？成立一个 PE 的平台。这个平台既可以投资，也可以自己退下来以后，在二级类公司当中长期做投资工作，为社会做贡献，还可以有更多的事情干，发挥自己的社会投资功能。如果这几点都在发生作用，那么我们原有的企业，在原有产业领域当中的投资已经饱和的情况下，要实行产业结构调整，实行新的产业战略方向选择，就会推动大型国企的 PE 投资倾向。

当然，这样一个倾向的实现，有可能是做有限合伙人（LP）直接投资到其他管理公司当中去，也有可能是争当 LP，自己成立一个具有管理公司性质的基金，投入一部分资金来推动这方面的发展。

第二个层面是中国的大型金融机构。大型金融机构要获得足够的市场配置率，必须在权益类资产当中有根本的动作，权益类资产投资中，如果过去谁还可以在二级市场获得较多的超过市场基准收益的话，那么在近几年二级市场大幅波动和节奏把握难以实现超额收益的时候，应该说所有大型金融资产管理机构都在向 PE 领域寻求新的突破口，谁突破得早一点，谁就获得先发优势。因此，大型金融资产管理机构都在向自己的主管和监管上级寻求要么是投资许可，要么是作为 PE 资产管理机构的许可，以实现自己资产总体收益率的提升。谁如果落后了一步，这方面的收益率将会大大减低。

在金融机构当中，还有一些变相的方法。最典型的表现为信托。信托结合投资，曾经推动了中国二级市场中私募证券基金的大规模发展。私募证券基金是通过发售一只二级市场集合基金，管理人和信托公司、投资人之间形成一种关联。当信托公司把这样一种制度不仅延伸到二级市场，也延伸到一级市场的时候，就会形成一级市场当中的直接投资渠道，如果这只产品也是 300 万的单一认购，也是可以延伸到 5 年，而且可以用信托和抵押的一些方式，特别是当公司以股权抵押来实现信托资金获得的话，它已经离 PE 十分近了，只要稍作变更，就可以变成权益类投资。以至于有的信托公司，现在的主要功能已经不是在做信托产品了，而是做 PE 变相产品的融资功能，获得自己的生存，获得自己的长足发展。

第三个层面是中国的民营企业，面临第二代的兴起，是直接交第二代，还是把自己的资金通过多元方式投资到市场当中？他们曾经在市场当中通过直接投资获得较高的收益，现在拿固定收益回报的话，我估计他绝对不会干。能够获得市场当中较好的权益回报，私募股权投资是他们投资选择的一个主要方向。如果作为一代企业家退出市场，最好是把公司上市，把自己的股权减少，从而交由职业经理人管理，如果还没有上市，引入私募股权投资将是他淡出或者是逐步淡出的很好的选择。如果有二代可接班，我相信中国一代民营企业家，也很难把百分之百的资产交给二代管理，如果有两个二代、三个二代，还有一个平均的问题，有一个家族内部关系问题。由 PE 渠道来解决这样的问题，正是市场有效选择。

如果上述三个趋势夹合在一起，将会在中国 PE 市场兴起强大的推动力，当然还有一个潜在的推动力，只是现在的社会制度体系还没有给它留上足够的空间，那就是捐赠资金，如果长期收益，直接通过 PE 投资获得长期有效的回报，那将会形成新的一股力量。几股力量加在一起，所有资产管理领域当中的资产管理配置，过去对 PE 从 0 到个位数是一个历史的迅速的过渡，从个位数向多位数的提高，将会是今后几年主要的资产配置趋向。全国社保基金在这个领域当中起步比较早，到现在为止，全国社保基金已经投资了 7 家管理公司、8 只基金，承诺投资 117 亿元，实际投资 65 亿元。65 亿元投在市场当中，是 74 家企业。这是已经投出去的。正在尽职调查的有 3 家公司，有望年底前完成尽职调查。社保基金在 4 年前展开了这样的工作，推进到今天这样的程度，我们是遵循稳步、扎实、有效的方法。社保基金在每一个场合都说，我们可以用总资产的 10% 投资于 PE，目前全国社保总资产近 8000 亿，10% 应该是 800

亿，从现在投出去的 100 多亿看，还有较大空间。

如果看动态空间，社保基金每年平均 1000 亿规模在新增，如果按照 10% 算，就是每年大概有近百亿新增资金可以投资于 PE 市场当中。仅社保基金对中国 PE 市场的期待，对中国 PE 市场的实践，对中国 PE 市场的高强度依赖，都是重大的。所以社保基金关注中国 PE 市场，参与中国 PE 市场，与中国 PE 市场共成长。

王忠民 ┃ 全国社保基金理事会副理事长

中国私募股权投资行业的回顾和展望

◎刘乐飞

▶ 一、中国私募股权投资行业的发展回顾

2010 年前三季度，中国市场募集的金额达到 284 亿美元，新成立了 144 只基金，其中人民币基金在数量上占据了 90％ 的份额，但是在金额上只有 40％。整个 PE 基金，达到 212 亿，VC 募集了 70 亿美金，成立了 94 只基金。新成立的这些 PE 基金中，数量上是以成长型基金为主，但是金额上以并购基金为主，大概占了 70％ 的比例。这个统计主要是站在全球口径来看的。

从投资角度来看，2010 年前三季度，整个 PE 一共公布的是 146 笔交易，金额达到 40 亿美元，和上年全年持平。VC 一共是 455 笔交易，披露金额是 27 亿美元。这些项目也是主要投资在 VC，主要在 TMT、消费、环保、医疗和工业制造这些领域。PE 基本上投资在工业制造、TMT、消费、医疗和金融，应该说重合度比较高。

PE 投资单笔金额大约 3200 万美金，VC 是 700 万美金，和前两年的

规模差不多。从退出角度来看，2010 年有 128 家机构投资了，上市融资达到 200 亿美金，其中有 98 家在国内上市，有 30 家在国外上市。在国内上市 98 家企业，为行业的机构投资者，为大家带来了超过 10 倍的回报。前三季度，从并购角度来看，一共有 338 笔并购交易，披露的交易金额达到 186 亿美元。从整体的市场环境来看，我们认为 2010 年应该是行业整体发展非常不错的一年，主要的原因，一个是从资金供给角度来看，像社保基金累计投了 7 家 PE 基金，从社保基金目前规模来看，未来可投资空间非常大，可配置的投到私募股权基金里面的总额，未来可望达到 1000 亿。从新增的一个机构投资者保险资金来看，未来从配置角度讲，可以达到 2000 亿的保险资金。

另外从国内这些高净值的投资人群来看，在 2010 年底具有 1000 万元以上的投资人士达到 32 万人。其中他们持有的资产规模将达到 9 万亿，配置在私募股权基金里面，如果按照 5%，也可以达到 4500 亿。另外，有 30 万亿的企业存款和 30 万亿的居民储蓄存款，这些也会为整个行业发展提供源源不断的资金来源。还有一个特点，就是 2010 年各地政府新增了几十只引导基金，带动了政府上百亿的资金参与到私募股权基金行业中来。

从投资机会来看，我们预计 2010 年对于私募股权融资的需求，大概有 1000 亿人民币的规模，其中国有企业大概是 200 亿～300 亿，民营企业大概有七八百亿的规模。从政策角度来看，对于募资方面，2010 年政府出台了向保险资金放开股权投资的一些政策，包括各地政府也陆续推出为了吸引股权投资机构落户，在注册、税收等方面一系列的优惠政策。从投资角度看，我们非常关注的关于合伙制企业证券登记的结算办法也已经出台了。另外，国务院出台了鼓励和引导民间投资的新 36 条，还有利用外资工作的若干意见，这一系列政策的发布，对于我们投资来说都是好消息。从退出角度来看，我们认为创业板的成功，为整个行业提供了一个非常好的退出渠道。

▶ 二、中国私募股权投资行业的特点

第一，发展势态成为全球的亮点，速度和规模都位居亚洲首位。从速度上看，2003年到现在的复合增长率接近40%，从规模上看，远远超过了东南亚所有的国家，包括像日本、韩国这些亚洲其他国家。

第二，政府的引导基金，成为推动我们这个行业发展的一个重要的力量。这不但体现在资金上面的支持，同时也体现了政府的态度，对于行业发展是一个积极的、支持的态度。所以也带动了各方资金都积极参与到这个行业中来。

第三，本土基金管理公司队伍规模迅速壮大。据部分统计，大概有1000家左右的机构活跃在这个市场上面。从已经披露的大中型基金管理公司成立的数量来看，这两年基本上都维持在七八十家这样一个速度上面。同时，我们也看到本土机构的实力在不断增强。在最新的行业排名上，无论是VC也好，PE也好，中国市场前10强的PE机构和前20强的VC机构，基本上是前些年与国际机构差距大概有5到10倍这样一个比例，到现在来看，基本上是平分秋色了。

第四，创业板的推出，确实丰富了投资退出渠道。2010年VC和PE投资的企业，在IPO数量上面的分布也可以看得出，在创业板上市的数量占到了50%。主要原因有三个方面：一个是创业板相对门槛比较低，同时，它鼓励创新型的一些企业上市，所以，对于特别是VC这样的投资来说，提供了一个非常好的上市条件。二是上市速度比较快，创业板到现在差不多有150家企业接近上市，从一年的时间来看，创造了中国资本市场上市的一个历史上的新高。三是估值水平比较高，吸引更多企业选择在创业板登陆。同时我们也可以看到，创业板上市企业当中，有80%都有VC或者是PE投资。应该说创业板的最大受益者是我们私募股权投资这个行业。

第五，整个行业从简单的为企业提供资金需求，已经过渡到了为企业提供全方位的增值服务。我们业内多家领先的机构，比如联想投资、弘毅投资，都成立了专业的咨询团队，为企业提供战略管理、技术等多方面的服务，支持企业价值的提升，实现长期的共赢。

我们认为 2010 年是这个行业出现飞跃式发展的标志性年份，为进入新一轮快速发展，奠定了一个非常好的基础。

▶ 三、中国私募股权投资行业面临的挑战和对策建议

从整体上来看，我们认为中国的 PE 行业仍然处于一个初级阶段，有待于进一步发展和完善。中国市场要发展成熟，风险控制和专业规范运作是非常重要的。

对于我们的挑战和风险，主要集中在以下四个方面。第一，从整个行业来看，运作的规范程度应该有待于提高。无论是业内一些暗箱操作的情况，还是一些像 IPO 前的突击入股，哄抬价格，这些都是行业不成熟、不规范的标志。第二，随着竞争者越来越多，整个行业近千家机构在市场上面的投资和项目争夺，导致了近期整个投资估值水平是比较高的，许多项目都是在 20 多倍的估值水平，其实大家冷静下来看，估值水平长期来看难以为继。举一个简单的例子，我们为了省钱，在批发市场批发一些产品，结果现在批发价和市场零售价格差不多。所以整个估值水平，在历史角度来看，是非常高的。第三，投资者需要成熟。个人投资者对 PE 投资知识缺乏，机构投资者对这个市场认识也不清晰。第四，整个市场还是缺少市场公认的一些优秀的专业机构，目前应该说公认的机构还不算很多，整个行业对于企业价值的提升能力有待加强。

我们的建议也是四个方面。第一，希望能够借助政府监管与行业自律，来共同促进整个行业的规范化运作。为什么我们提出要政府适度监管？因

为我们其中有许多管理人员，应该说已经管理到了一些公共资金，这些公共资金，比如全国社保基金，它是全民未来应对养老问题的一笔资产。另外，像保险资金，保险资金也是由几亿的个人投资者和保户的资金组成的。我们认为这些都是属于公共资金，如果接受类似投资的话，应该主动到监管机构进行备案，来接受监管。从国际的趋势来看，也是这样一个趋势。同时，我们行业需要一些自律，行业协会可以借鉴欧美 PE 协会的案例，发布行业内关于行业道德的规范和最佳行为实践这样一些指引性的文件，当然，我们北京股权投资基金协会也在推动和做这样一些基础性的工作，来推动业内机构更加规范运作资金，促进业内机构建立一个规范的内部机制。

第二，建议监管部门进一步放开资本市场，来营造一个合理的估值环境。目前国内市场估值量最高的是创业板市场，市盈率近 80 倍，中小板市场大概 40 多倍。从价值投资角度来看，创业板市场，上半年利润增速，大概只有 25%，应该说还低于整体市场 40% 的水平。这么高的估值，其实根本没有高增长的业绩来支撑。所以从长期来看，是不可能维持一个这么高的市盈率。高估值的主要原因是我们对于资本市场的供给是不足的，国内投资者没有更多的投资渠道。未来随着投资渠道的拓宽，同时建议加大对资本市场的供给，一个是建议监管机构改革上市的审批制度，加快企业上市，增加市场供给，让投资者自己判断企业的价值。同时，建议允许和放开上市公司大股东减持的节奏和比例，我们现在无论是对于主板上市公司，还是创业板的公司，对于这些上市公司主要股东的减持股票，还有许多的不合理的规定，应该说没有国际化的政策，建议这些政策也应该适度调整。最后建议像国有企业，有选择地从竞争领域退出，这也是增加市场供给的一个非常好的方式，也有利于国有股通过市场化来变现。

第三，希望政府和业内机构来支持行业中介参与到整个行业的发展过程中，特别是参与到整个基金的募集过程中，因为中介机构对于这个行业的发展具有非常积极的促进作用。一方面大家可以看到，像银行、证券公司、财务顾问公司等等这些中介机构，他们在资金募集阶段的介入，可以令整个基金募集更加专业化，同时也可以作为一个专业的中介机构，为投资者筛选和推荐优秀的管理机构。另一方面，我们应该鼓励和支持一些专业的市场研究和咨询机构，跟踪和研究我们整个行业。因为对于 PE 也好，VC 也好，对于整个私募股权领域来说，它需要长期的数据积累，需要长期的深入跟踪研究。这些中介机构发布的相关数据和研究成果，也会使社会、使政府、使投资者对我们整个行业有一个更加全面、客观的了解。

第四，PE 机构自身要回归到团队建设、人才培养、价值创造这个层面来。从长期来看，像我们业内的机构，大家要获得成功，要依靠专业团队来寻找和甄别优秀的项目，并且通过参与企业运营管理，使得企业价值得到提升，而不是简单的 Pre－IPO 投资。如果我们这个行业要发展，机构要成功的话，必须要回归到自身的建设和队伍的培养上来。同时，采取的手段主要是帮助和支持企业健康成长，提升企业的价值，这样，长期来看，才能够使基金获得更理想的回报。

▶ 四、中国私募股权投资行业的未来展望

第一，应该说我们整个行业渗透率仍然非常低，未来的发展空间很大，渗透率是指股权投资基金的交易金额占 GDP 的比例。目前来看，我们大概只是占到 GDP 的千分之二，美国有千分之八，英国可能更高一些，大概有 2%。未来渗透率的逐渐提升，同时我们 GDP 的增长，会带来整个行业巨大的发展空间。

第二，从我们整个行业的发展基础来看，是得益于中国经济稳定持续健康的发展，所以未来五年，我们预计 GDP 大概 8% ~ 10% 的增长，从资金提供角度来看，包括投资机会角度来看，都是一个强劲的动力。从国际市场来看，海外的这些机构投资者也更看好中国市场，这是新兴市场股权投资基金协会他们做的一个调查问卷，未来两年全球的这些机构投资者，在股权投资配置上的预期，最高的还是中国，超过 50%，大概有 50% 的投资者都希望能够在中国适度参与一些股权投资。从国内自身资本的角度来看，我们预计未来五年将会有超过 1 万亿的资本进入 PE

这个行业。无论是商业银行、社保，还是保险，还是券商，这个数额应该说都是一个非常巨大的比例。从投资机会上，我们也可以看得出来，未来五年的投资，我们预计到 2015 年，国有企业交易规模大概会达到 400 亿到 800 亿人民币，民营企业达到 1600 亿到 1900 亿的人民币交易规模，这是全球最大咨询机构麦肯锡做的预测，我们预计未来的渗透率，到 2015 年的时候大概会是千分之四到千分之五这样一个比例，这个行业的投资机会，至少应该在 2000 多亿人民币。

从政策角度来看，国务院近期颁布了支持企业兼并重组的若干意见，我想未来通过并购方式退出是我们的又一个重要渠道。从国际经验来看也是一样的，成熟市场主要的 PE 机构退出的方式不是 IPO，而是通过并购。我们预计中国未来市场也一样，通过并购也会成为一个主要的退出渠道。另外一个特点，我们预计未来 5 年之后，行业集中将会不断提高，第一梯队主要是行业排名大概前 25% 的机构，将占领主要的市场份额。全美前 10 大 PE，增长是其他投资者的 10 倍，VC 领域的统计更惊人。这个市场是一个赢者通吃的市场，第一梯队机构将占据主要的市场份额。

从我们的研究，包括国际经验来看，未来本土机构的发展是我们更看好的。为什么这么说？因为在各个主要市场，基本上主力军都是本土基金，从北美市场，大家可以看到，以凯雷为代表的前五大基金，都是北美本土的。欧洲以 CVC 这些为代表的，欧洲的本土基金在五只中占了四只，亚洲前五大基金中以 MBK 为代表的，也是在前五只中占了三只。所以我们从国际趋势和经验来看，本土机构是主力军，随着中国市场的发展，未来主导中国整个行业，主导中国 PE 投资市场也必然是我们本土的基金。而且随着中国的复兴和崛起，未来我们也一定会出现一个站在全球舞台上的中国的世界级基金管理公司。

刘乐飞 《 中国股权投资基金协会副会长、中信产业投资基金管理有限公司董事长兼 CEO

股权投资母基金 PE的专业投资者

◎何小锋

股权投资母基金起源于20世纪70年代，已经有将近40年的发展历史，而对中国来说，股权投资母基金尚属新事物。随着中国股权投资基金行业的进一步发展，股权投资母基金将越来越受到关注，股权投资母基金也将发挥越来越重要的作用。

一、什么是股权投资母基金

股权投资母基金（private equity fund of funds，FOF）是以股权投资基金（private equity，PE）为主要投资对象的私募基金，见图1。

股权投资母基金的业务主要有三块：一级投资、二级投资和共同投资。

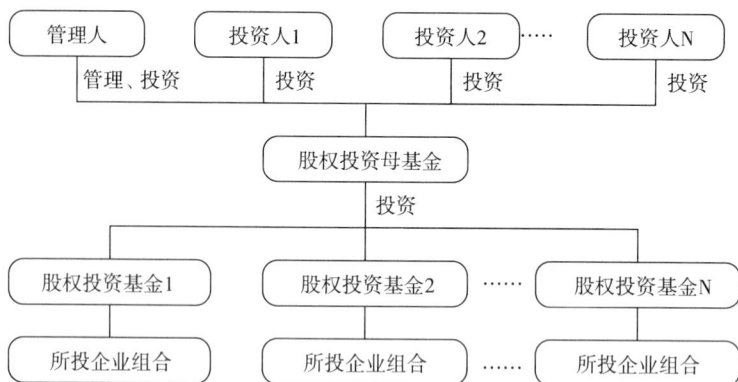

图1　股权投资母基金

1. 一级投资

一级投资（primary investment）是指 FOF 在 PE 募集的时候对 PE 进行的投资。FOF 发展初期，主要就是从事 PE 的一级投资业务，一级投资业务是 FOF 的本源业务。

在一级投资时，由于 PE 是新设立的，因此，无法从 PE 本身的资产组合、历史业绩等方面来进行考察，因此，FOF 主要考察的是 PE 的管理人。一般来说，FOF 在选择 PE 时，重点考察以下方面：团队、策略、风格、市场、历史业绩、项目、投资过程、增值服务、独立性、条款与条件、报告、税务与法律，见表1。

表1　　　　　　　　　　FOF 投资 PE 时的考察内容

团队	经验、稳定性、技术、深度、工作量、组合合理性
策略	目标市场适合性、被验证的概念、灵活性
风格	一致性、成功
市场	定位、吸引力、潜力
历史业绩	内部收益率、现金倍数
项目	来源、质量
投资过程	结构性方法、决策、文件记录

续表

增值服务	网络、操作经验、策略知识
独立性	第三方参与、利益冲突
条件与条款	利益取向一致、管理费和持有结构、其他收入来源
报告	标准、主要人士、频率、质量
税务与法律	合法、高效

2. 二级投资

二级投资（secondary investment）是指 FOF 在 PE 二级市场进行投资，主要有两种形式：购买存续 PE 的基金份额和（或）后续出资额；购买 PE 持有的所投组合公司的股权。

近年来，FOF 二级投资业务的比例不断增加，主要基于以下原因：

第一，价格折扣。由于 PE 市场的私募性质，缺乏流动性，因此，二级市场的交易一般都有价格折扣，这使得 FOF 往往能够获得比一级投资业务更高的收益。Preqin 的研究发现，2000 ~ 2005 年，PE 二级市场投资的平均内部收益率（IRR）大约比一级市场投资高 20% ~ 30%。

第二，加速投资回收。因为 FOF 在 PE 的存续期内投资，避免了前期投资的等待期，能够更快地从投资中回收投资。假设一只 PE 达到盈亏平衡点需要大约 7 年时间，实现收益需要 8 ~ 12 年时间，那么 FOF 购买存续 5 年的基金可以将盈亏平衡点缩短至 2 年，将实现收益的时间缩短至 3 ~ 7 年。

第三，投资于已知的资产组合。在一级投资业务中，FOF 进行投资时，PE 尚未进行投资，因此还不知道 PE 投资的资产组合，只是基于对 PE 管理人的信任而投资。但是在二级投资业务中，FOF 投资的是存续基金，PE 已经进行了投资，因此 FOF 能够知道 PE 投资的资产组合，并且可以更加合理地估计它的价值。

3. 直接投资

直接投资（direct investment）是指 FOF 直接对公司股权进行投资。在实际操作中，FOF 通常和它所投资的 PE 联合投资，而且 FOF 扮演着消极的角色，而让第一投资人，即 PE 来管理这项投资。

在直接投资业务中，由于 FOF 能够挑选最具吸引力、与其现有投资组合最佳匹配的项目，因此，直接投资也自然成为 FOF 的一项业务类型。

专栏　　FOF 国际巨头合众集团（Partners Group）

合众集团（Partners Group）于 1996 年在瑞士成立，是全球最大的 FOF 之一，目前管理的资产总价值超过 200 亿欧元。合众集团在全球共有 14 个办公室，总部设在瑞士，并在伦敦、慕尼黑、格恩西、卢森堡、纽约、旧金山、新加坡、东京、悉尼、迪拜、圣保罗、首尔和北京设有分部。

在过去的十多年里，合众集团与全球超过 400 多个 PE 管理人建立了广泛、深入的关系。在所投的 PE 中，合众集团有超过 200 多个投资顾问委员会席位，通过与 PE 管理人的紧密合作，帮助 PE 成长，为 PE 提供附加值。合众集团也是二级投资和直接投资的活跃投资人，目前已直接投资上百个公司。在直接投资方面，合众集团建立了独有的公司信息库，被誉为"私募市场的彭博社"（Private market "Bloomberg"）。信息库里收集了 5000 多家公司的经营数据，并且按期进行更新，从而在直接投资方面有自己独到的洞察力。

合众集团深受全球 400 多家机构投资人的信赖，其中不乏全球知名的大型养老基金及保险公司，例如加拿大国家养老基金、韩国政府投资公司、纽约人寿等。多次在 EVCJ（Europe Venture Capital Journal）和 PEI（Private Equity International）全球评选中胜出，被评为全球最佳。

合众集团在中国的发展清晰地诠释了跨国投资公司进入中国的一条

成功战略。从 2004 年到 2007 年，公司通过瑞士总部和新加坡亚洲总部，积极和中国的优秀基金管理人建立联系，按照国际标准在中国这个 PE 的新舞台寻找管理人。这期间的工作主要是基金投资和严密的投后跟踪分析，以此在不明朗的市场条件下选择优秀合作伙伴，规避风险。在选择业绩显著的成熟管理人的同时，利用其全球网络优势，合众集团也积极发掘由成熟合伙人管理的新兴基金，引领市场的健康发展。基于长年的合作关系和了解，2005 年公司决定投资今日资本——一只刚刚在中国单飞发展的基金，而今天实践也证明了这个判断的正确性。

公司自从 2007 年开始在中国设立办公室之后，更好地了解中国本土市场，在加大一级投资的同时，积极开展二级投资和直接投资业务。2008 年，合众集团通过二级投资的方式购买了赛伯乐基金的大量份额，从而持有赛伯乐成熟的投资组合；从 2009 年开始，随着对本土知识和信息的了解加深，合众集团开始了以联合投资为主的直接投资，重点投资领域是中小型成长型企业、具有全球竞争力的高端制造业、清洁能源等产业。

进入中国以来，合众集团十分关注国内 PE 产业的整体健康发展，为国内几乎所有的知名机构投资人，如社保等，提供了技术支持，有的还展开了合作；同时定期和监管立法部门交流信息和意见，是在中国 PE 投资领域中最为活跃的领军人物之一。

二、股权投资母基金的发展

第一只 FOF 诞生于上世纪 70 年代，当时的 FOF 无论是募资金额还是基金数量都微不足道。与当今 FOF 有所不同的是，当时的 FOF 管理人只是与单独投资者签订委托投资协议，是具有固定投资期限且一对一的委托关系。

上世纪 90 年代初期，伴随着大量 PE 资本的涌现，FOF 开始演变成为一种集合多家投资者资金的专业代理投资业务，且管理的资金规模逐渐增大。全球 FOF 的募集资金额从 1992 年的 3 亿美元飞速增长至 2007 年的 553 亿美元，新募集基金数量也随之增长，2008 年由于受金融危机影响，募资金额和新募资金数有所下降，见图 2。

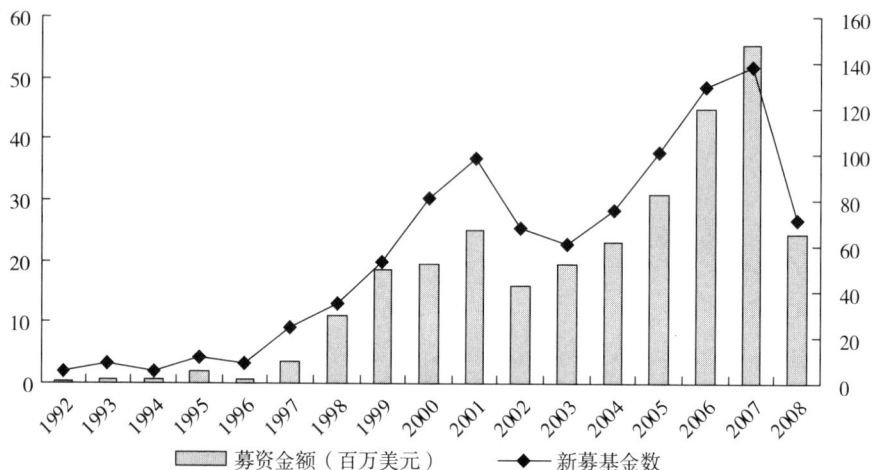

图 2　1992～2008 年全球 FOF 募集情况

资料来源：Preqin，2010。

目前，FOF 已经成为 PE 的主要投资者之一。根据 Preqin 的数据显示，2009 年 PE 的投资中 22% 来自 FOF，而 2008 年这个数字是 16%，见图 3。

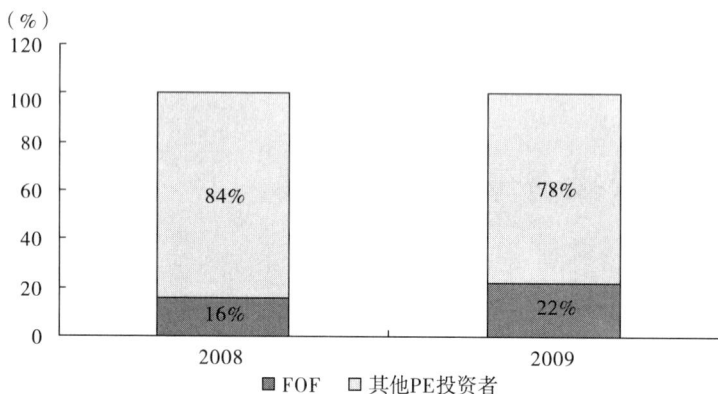

图 3　PE 的资金来源

资料来源：Preqin，2010。

三、为什么投资股权投资母基金

投资者为什么不直接投资 PE，而投资于 FOF？PE 专业研究机构 Preqin 对 2009 年全球投资者投资 FOF 的原因进行了调查，结果见图 4。

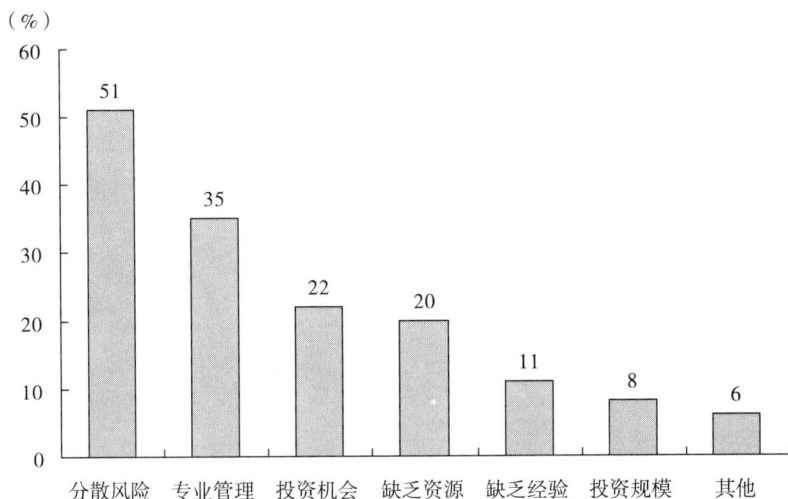

图 4　投资者投资 FOF 的原因

资料来源：Preqin，2010。

由图 4 可以看到，投资 FOF 的原因主要有六个：分散风险、专业管理、投资机会、缺乏资源、缺乏经验、资产规模。

1. 分散风险

一般来说，FOF 会把所募集的资金分散投资到 15 ~ 25 个 PE 中，这避免了单只 PE 投资中把风险押在某一 PE 管理人身上的风险。

同时，这些 PE 投资的公司数往往会超过 500 家，这使得 FOF 有能力在多个领域获得多样性，如：投资阶段、时间跨度、地域、行业、投资风格等，而单只 PE，其本身的设计并不能使投资者获得如此高的多样性。通过投资 FOF，投资者可以有效地实现风险分散。见图 5。

图 5　通过 FOF 分散风险

2. 专业管理

即使投资者拥有 PE 投资某一方面的知识，但是他却可能因为缺乏对其他方面的了解而丧失投资机会。而 FOF 通常拥有 PE 投资方面全面的知识、人脉和资源来实现对这些领域的投资。在对 PE 进行投资时，FOF 要比与其他投资者更有可能做出正确的投资决策。

3. 投资机会

PE 的业绩比较一般运用四分位数法，将统计的 PE 按照收益率从高到低排序，上四分位数是指排在第 "25%×N" 位的 PE 的收益率，中位数是指排在中间的 PE 的收益率，下四分位数是指排在第 "75%×N" 位的 PE 的收益率。例如，有 10000 只 PE 按照收益率从高到低排序，上四分位数是排在第 250 位那只 PE 的收益率，中位数是指排在第 5000 位那只 PE 的收益率，下四分位数是指排在 750 位那只 PE 的收益率。

如图 6 所示，上四分位数要远远超过中位数，而下四分位数则基本是亏损的。由此可见，不同 PE 之间业绩差别非常大。

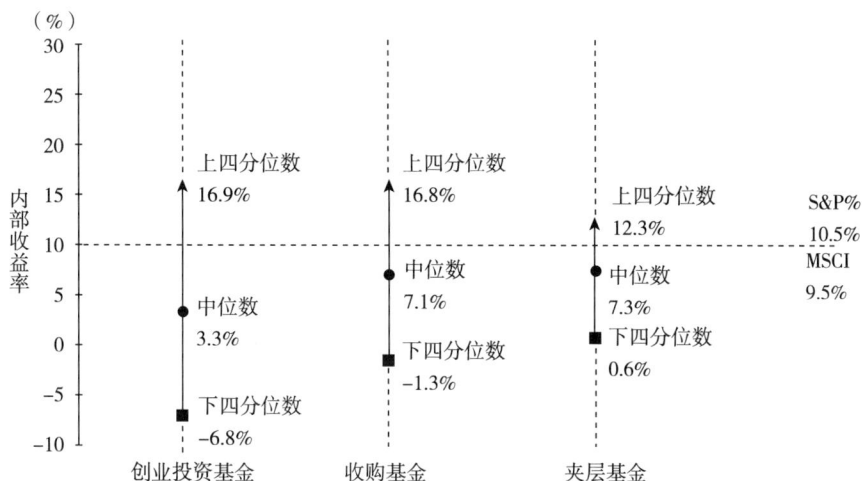

图 6　PE 收益率的四分位数分布

资料来源：Partners Group，2010。

显然，投资者都想投资业绩出色的 PE。但是，大部分业绩出色的 PE 都会获超额认购，因此，一般的投资者难以获得出色 PE 的投资机会。而 FOF 是 PE 的专业投资者，通常与 PE 有良好的长期关系，因此，有机会投资于这些出色的 PE。投资者通过投资于 FOF 而获得投资出色 PE 的机会。

4. 缺乏资源

由于 FOF 拥有相当的规模，能够吸引、留住及聘用行业内最优秀的投资人才。

中小投资者很少有足够的资源，来建立类似规模及品质的投资团队。如考虑到薪资、交通及其他管理成本，中小投资者使用 FOF 比自行聘用和培养 PE 投资团队更加经济有效。

Preqin 在 2009 年对 180 家 FOF 的投资者进行了调研，结果显示管理资产规模在 100 亿美元以下的投资者占近 8 成，可见中小投资者更倾向于投资 FOF，见图 7。

（%）

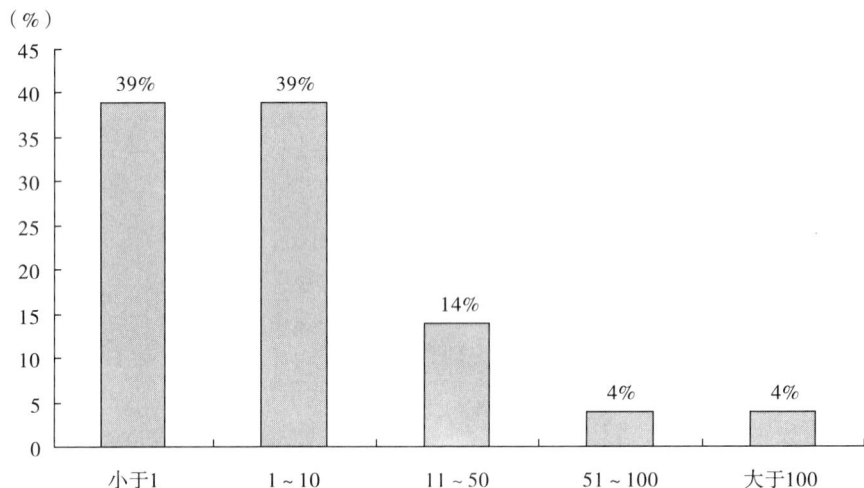

图7 FOF 投资者的资产规模（单位：百万美元）

资料来源：Preqin，2010。

5. 缺乏经验

PE 的投资是一项专业性非常强的工作。投资对象是一个资产集合，所以在投资时，需要做尽职调查、法律架构、税务分析，既复杂又耗时。

因此，在 PE 投资中，经验非常重要。普通投资者在 PE 投资方面缺乏相应经验，而 FOF 是 PE 专业投资者，在此方面富有经验。FOF 为缺乏经验的投资者提供了 PE 投资的渠道。

6. 投资规模

在投资 PE 时，投资规模的大小常常是一个问题。投资者的资金常常太大或者太小以至于难以进行合适的投资。而 FOF 可以通过帮助投资者"扩大规模"或"缩小规模"从而解决这一问题。

四、股权投资母基金的投资风险、收益与成本

1. 降低风险

由于 FOF 通过分散投资降低了风险，因此，投资 FOF 的风险低于投资单只 PE 的风险。研究发现，投资于单只 PE 的风险较高，极高 IRR 和极低 IRR 出现的可能性较大。而投资于 FOF 的风险小于投资于单只 PE 的风险，且在很大程度上消除了极高 IRR 和极低 IRR 出现的可能性。见图 8。

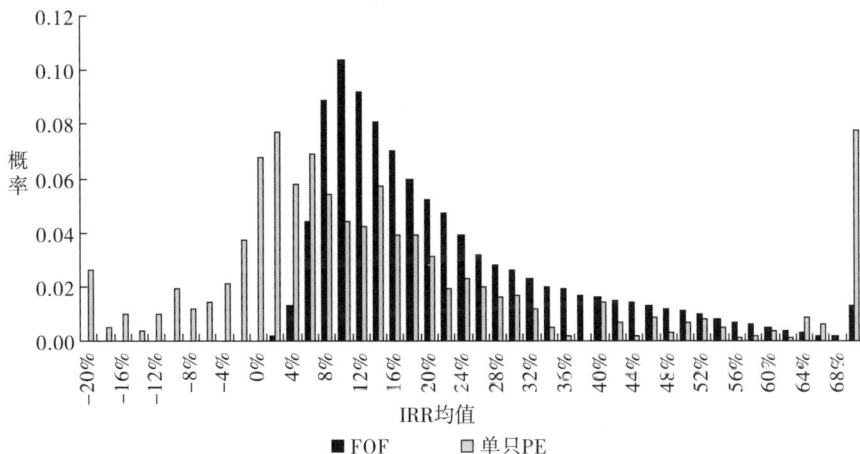

图 8　FOF 与 PE 的风险比较

资料来源：Journal of Alternatives，2005。

2. 收益可观

通常有种说法，FOF 只能取得整个 PE 行业的平均收益。但现实情况并非如此，从表 2 中可以看到，无论从平均 IRR 还是 IRR 中数来比较，FOF 的收益率都要比它主要投资类型（创业投资基金和收购基金）的单只 PE 高。而 FOF 风险低于单只 PE，所以经风险系数调整后的收益更是高于单只 PE。

表2		FOF 和单只 PE 的收益比较				
		创业投资基金		收购基金	
		单只 PE	FOF	单只 PE	FOF
美国	平均 IRR	21.32	21.40	10.83	15.29
	IRR 中位数	8.37	16.14	8.54	14.03
	标准差	54.57	15.64	26.19	7.72
	收益/风险系数	0.39	1.37	0.41	1.98
英国	平均 IRR	8.82	9.12	13.71	15.82
	IRR 中位数	4.35	8.15	10.27	14.91
	标准差	27.47	5.53	20.97	5.27
	收益/风险系数	0.32	1.65	0.65	3.00

资料来源：Partners Group, 2010。

从 FOF 整个投资周期的收益表现来看，其遵循了 PE 行业常见的 J 曲线轨迹。图 9 显示了 2000～2008 年各年设立的 FOF 的年 IRR 中位数 J 曲线轨迹。

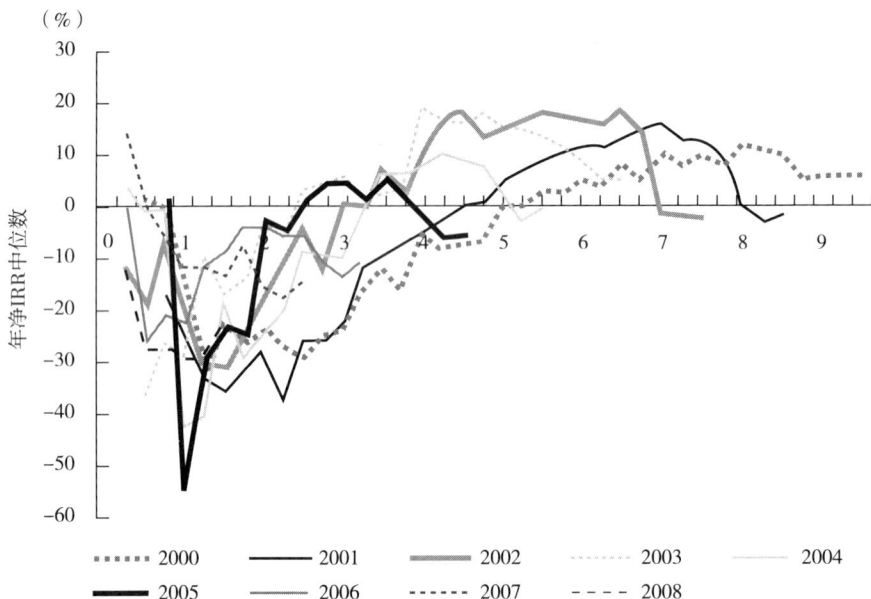

图9 FOF 的 J 曲线轨迹

资料来源：清科研究中心，2009。

3. 低投资成本

通过 FOF 投资有成本，投资成本包括管理人的管理费和收益分成，典型条款如表 3 所示。

表 3　　　　　**FOF 管理人的管理费和收益分成的典型条款**

类别	典型条款
管理费	在投资期内为 0.75% ~1.25%，在完成承诺后减低至 0.5% ~1.0%
投资期	2 ~5 年
基金年期	10 ~15 年
附带收益	在收回资本、费用、支出以及最低回报率后，为利润的 0 ~10%
最低回报率	6% ~8%

从直觉上，通过 FOF 投资 PE 与直接投资 PE 相比，投资者需额外承担成本，似乎是一个很大的缺点。但事实上，这也是一种错觉，因为没有意识到以下三点：第一，FOF 管理费往往比内部投资团队的成本要低；第二，FOF 的管理费对投资收益率影响很小；第三，好的 FOF 管理人能够比内部投资团队赚取更高的净收益率。

假设 FOF 的管理费是每年 1%，投资规模为 1000 万美元，从表 4 可以看出，投资者选择自己直接投资 PE 时，要比通过 FOF 投资 PE 的费用更高。

表 4　　　　　**内部投资团队与 FOF 的费用对比**　　　　单位：美元

每年支出项目	内部投资团队费用	FOF 费用
1.5 位分析员的薪资	120000	0
福利	30000	0
办公室/间接成本	25000	0
后勤人员	25000	0
法律	60000	2000
交通	30000	3000
会计	80000	4000
基金管理费	0	10000
合计	370000	109000

资料来源：Piper Jaffray estimate，2009。

即使加上附带权益，相对于 FOF 的高投资收益率，FOF 的投资成本也是相对较低的。根据 Venture Economics 在 2003 年的一项调查显示，1980~1998 期间设立的 PE 上四位数收益率为 20.3%。假设 FOF 总投资收益率（未扣除管理费和附带收益）为 20.3%、附带权益为 5%，表 5 描述了不同管理费率对 FOF 投资者净收益率的影响。

表5　　　　　　管理费率对 FOF 投资者净收益率的影响

FOF 管理费率（%）	FOF 投资者的净收益率（%）
1.25	17.7
1.00	18.1
0.75	18.4
0.50	18.8
0.25	19.2

资料来源：Piper Jaffray estimate，2009。

五、中国股权投资母基金的发展展望

当前，中国市场上活跃的 FOF 主要是国外 FOF 管理人设立的、针对中国市场的外资 FOF，投资对象为投资中国企业的外资 PE。目前在中国设立代表处的国外 FOF 管理人有 10 余家，它们表现出了两个主要特点：第一，以全球顶级 FOF 管理人为主，拥有雄厚的资金及 FOF 管理经验；第二，以在中国市场上活跃的顶级外资 PE 为主要投资目标。

而与之形成鲜明对比的是，本土的人民币 FOF 寥寥无几。造成这种局势的一个重要原因是，中国缺乏成熟的 FOF 投资者。

不过，局势正在发生变化，2009 年 12 月，Adveq Holding 与大连联合控股有限公司宣布在中国境内组建人民币 FOF，Adveq Holding 的此次尝试预示着未来将会有越来越多的外资 FOF 管理人进入人民币 FOF 领域。同时，本土人民币 FOF 也在崛起，2010 年 12 月 28 日，中国首只国家级大型股权投资母基金"国创母基金"的成立，正是其中一个突出标志。"国创母基金"总规模 600 亿元，首期规模 150 亿元，由国家开发银行全资子公司国开金融有限责任公司和苏州创业投资集团发起设立并管理，期限 12 年，主要投资于国内优秀管理团队的股权投资基金。

　　这些变化的背后原因是，中国越来越多的资金正在进入或者即将进入 PE 市场，而 FOF 依据其独特的优势，将使大多投资者选择通过 FOF 投资 PE。清科研究中心估计，中国潜在可投入 PE 的资本量约为 1.4 万亿元，根据前述 Preqin 的统计数据（2009 年全球投资 PE 的资金当中约有 22% 来自 FOF 这一比例），可估算出中国潜在可投入 FOF 的资本量约为 3000 亿元，见表 6。

表 6　　　　　　　　　　中国潜在可投入 FOF 的资本量估算

投资者	主体名称	投资目的	管理资本总额	潜在可投入 PE 的资本量	未来发展
	全国社会保障基金	盈利，但遵循审慎投资原则	5600.00 多亿元	目前已允许将总体投资比例不超过全国社保基金总资产的 10.0% 投入 PE，为 500.00 多亿元	已获得投资 PE 许可，与 PE-FOF 合作指日可待
养老基金	地方各级政府管理的养老金	盈利，但遵循审慎投资原则	1.00 万亿元	如果政策开放，参照国际公共养老基金平均将其管理的资产的 7.0% ~ 8.0% 投入到 PE 计算，投入 PE 资本存量为 700.00 多亿元	目前尚不允许进入 PE 投资领域
	企业年金	盈利，但遵循审慎投资原则	1500.00 亿元	如果政策开放，参照国际企业养老基金平均将其管理的资产的 6.0% ~ 7.0% 投入到 PE 计算，潜在投入 PE 资本存量近 100.00 亿元	目前尚不允许进入 PE 投资领域

续表

投资者	主体名称	投资目的	管理资本总额	潜在可投入 PE 的资本量	未来发展
银行和金融服务机构	商业银行	盈利	30.00 万亿元	如果政策开放，参照国际机构投资者平均投入比例 4.0% 计算，潜在投入 PE 资本存量超过 1.00 万亿元	商业银行参与 PE 是大势所趋，并将在 PE 领域扮演重要角色
	券商公司	盈利	1.70 万亿元	如果政策开放，参照国际机构投资者平均投入比例 4.0% 计算，潜在投入 PE 资本存量达 600.00 亿元	已获准进行直接股权投资，但目前尚不能直接投资于 PE
	信托公司	盈利	1.20 万亿元	如果政策开放，参照国际机构投资者平均投入比例 4.0% 计算，潜在投入 PE 资本存量近 500.00 亿元	已获准进行直接股权投资，但目前尚不能直接投资于 PE
保险公司	商业保险公司	盈利	3.50 万亿元	如果政策开放，参照国际机构投资者平均投入比例 4.0% 计算，潜在投入 PE 资本存量达 1000.00 多亿元	已获准进行直接股权投资，但目前尚不能直接投资于 PE
政府	政府引导基金	政策性目标：促进高科技产业发展	上千亿元	上千亿元	逐渐淡化或者转变角色，将股份转让
潜在可投入 PE 的资本量合计				约 14000 亿元	
潜在可投入 PEFOF 的资本量合计				约 3000 亿元	

资料来源：清科，2009。

何小锋 金融学教授，北京大学经济学院金融学系主任，北京大学金融与产业发展研究中心主任，中国股权投资基金协会副会长

讲 座

新形势下的PE发展

主持人：方风雷　厚朴投资董事长、高盛高华证券董事长

嘉　宾：吴尚志　鼎晖投资董事长

赵令欢　弘毅投资总裁

靳海涛　深圳创投董事长

唐　葵　方源资本总裁

林向红　苏州创投集团董事长、总裁

杨向东　凯雷投资集团董事总经理

方风雷：PE本身是金融创新的产物，PE本身也需要不断地金融创新，我们去年讨论的一个话题就是PE的多元化发展问题。比如说上市公司可不可以做，其实都是本来不应该做这些行政性限制，这是LP跟GP的契约，投证券市场的基金也可以做PE的。

十七大政府报告讲，多渠道提高直接融资比重，其中既包括股票类融资，也能够保证股权类的投资。我们现在的领导，特别是金融监管部门对直接融资认识还不够。为什么重视不够？还是贷款方便。我跟银监会也说过，现在搞小额贷款公司，又搞中小企业的担保公司，说那么半

天，都是在债的方面，中小企业根本问题是股本金不足。PE 进来有好处，第一是增加股本金，第二是改善公司治理结构，第三是帮助它熟悉和进入资本市场。应该鼓励这块发展，金融支持实体经济最好的产品之一就是股权投资。"十二五"规划讲了很重要的两个平衡，一个是利用外资和走出去要平衡；二是进口出口平衡。这两块都关系到中国对 PE 发展的国际化问题。随着人民币国际化，随着中国经济走出去，PE 应该在这个方面国际化。这里面又牵扯到一个国家政策调整问题，在中国走出去，现在基本上采用国家外汇储备的各种形式的投资，包括财政性的支持，央企的支持以外，能不能也采取一些市场化的方法，通过委托投资的方式，利用 PE 这种形式做海外投资，实际上有很多很好的案例，我觉得应该引起决策部门的重视。

现在中国 PE 发展，公司多，机构多，人多，规模不够，过去 10 年基本上每年差不多 100 多亿美元，加起来最多也就 1000 亿人民币，什么是基本规模呢？就是两条：一个是按照美国、欧洲的标准，基本上跟股票市场的 IPO 市场价格差不多，就是说在中国每年也得形成 5000 亿的 PE 投资。按照美国标准，GDP 的 2%，平均也有 1.5%，这是基本规模。现在规模太小，直接融资上不去，如果金融监管部门、宏观决策部门把这个量化，特别是中央金融机构能够带个头，像保险公司，干脆立一个规就行了，10% 就得委托投资。要不然 5% 也好，百分之多少也好，你出不来。比如说社保这块有一个规定，10%。比如说人力资源和社会保障部那块管的还有 2 万亿，如果也规定个 10%，就是 2000 亿。商业银行起码按照美国标准，也得 3%，贷款加 PE 这种形式对支持中小企业很重要。央企也一样，这几大块都有 10% 或者 15% 的概念，其实对于它自己的资产配置是非常重要的。

我们看看这次金融危机，加拿大没有出事，加拿大很重要的就是有两个指标，规定存贷比例不许超过 70%，美国、欧洲存贷比都是 120%、140% 了。还有就是另类资产投资是 30%。我们的金融配置当中基本上都是债券类的产品，我们基本上百分之百债券类产品。我们有的金融机构投资为什么买冰岛政府债券，为什么买雷曼债券呢？现在很多数据都支持了，这类产品，说是稳定，实际上长期回报没有过 3% 到 4%。这样流动性好，其实应该是同质类的投资者，真正出了问题也跑不了，都是金融机构投资。在中国现在金融资产配置中，应该明确规定有另类资产类投资、股权类投资，这样实际上对金融资产投资的效益有非常大的改善和提高。这个法修了以后，一系列的调整应该做出来，否则的话中国的 LP 不仅是孤独，而且永远没有规模，这个对整个金融资产配置是绝对不利的。

母基金还有一个问题，比如说地方社保这块，企业年金这块，几家联合联合，包括中小保险公司，其实也可以搞。另外就是高净值的个人，50 个人，其实干吗非要 50 个人，跟人数没有关系。美国当年投资，《公司法》规定有多少资产，是不是可投资的资产，跟人数是没有关系的。另外跟募集方式有关系，你别登报纸。其实跟人数关系不大。我觉得 50 人，没有什么道理。这个我觉得可以适当放宽，因为中国很现实的有这么一批人了，按照美林的观点看，可用于投资资产的这些人，除了美国就是中国了，亚洲第一了。这个是不是可以考虑放宽一点，让母基金可以增加一点。

杨向东：我是凯雷公司的，我简单介绍一下国际 PE 最近一些大趋势，对中国 PE 行业的发展带来哪些方面的借鉴。

应该说经历金融风暴以后，国际 PE 行业发展有几个比较突出的方面，首先 PE 行业经历了洗礼以后，还是比较顺利地渡过了风险，在金融危机初期的时候，大家觉得 PE 行业可能会出很大的问题，2007 年以前投资的一些项目，可能会出问题，PE 本身也会出问题，或者说一些 LP 也没有资金了，所以在投资上也会出问题。但是这些问题没有出现，应该说国际比较主流的投资公司都渡过了这次危机。前 20 个最大的项目里面，没有任何一家企业本身是破产的。同时，PE 这个行业，经历了金融危机以后，应该是更规范了，有更好的发展趋势。我想这些方面也体现了 PE 这个行业非常特殊的一个特性，这个行业是有非常强的灵活性的，它能够遇到困难想办法解决困难，而且及时解决困难。

另外大家讲到增值服务，在金融危机方面，充分体现出 PE 企业能够帮助它所投的企业渡过难关，而且是发展的。这一点也是非常非常重要的，有这个能力，用这个方式来做，这是 PE 发展的成功之处。

还有一个大趋势，LP 它本身的能力、财力也恢复了。尤其是最近 12 个月，LP 看到 PE 行业，不仅仅能够渡过金融危机的风险，而且这个行业的回报远远超过了其他主要的金融产品的回报，所以 LP 对我们这个行业也增加了他们的信心，也会增加很多投资。

还有就是对新兴市场的关注。世界上最大的 PE 公司都想发展在中国的市场，他们有很大的投入，当然也希望像凯雷这样的公司能够帮助中国 PE 行业健康成长，同时在这里面能够起一个比较积极的作用。而且这种新兴市场的发展，是 PE 行业的一个亮点，不仅仅在中国，凯雷最近在南非成立了基金，在拉美也成立了基金。

作为在国内投了十几年的全球性 PE 基金，第一点是本土化，最近重大的发展就是人民币基金，我们通过建立一个非常强大的国内的人民币基金的 LP 网络，能够让我们的业务在国内更多本地化。第二，怎样一起把中国 PE 行业能够健康发展起来。这是大家比较关注的问题，就是中国股权基金行业长大以后会是什么样子，我觉得现在我们还没有长大，所以大家非常关心。

我觉得大趋势都是一样的，因为这些新兴国家的发展，PE 可以起到很大的作用。因为很多人关心现在 PE 的状况，我觉得 PE 行业如果真正能够健康发展，核心的问题是，PE 这个行业，我们是为 LP 服务的，如果我们没有这个理念，到最后肯定会出问题，现在国内有很多 PE，他们的出发点是为 GP 服务的，但是这个不是 PE 长期发展的关键之处。我们在座的各位做了很多基金，我们经常要面对 LP，我们知道对 LP 承诺是什么意思。从我们的角度来讲，找不到好项目宁可不投资，也不会为了募集资金而募集，也不会为了投资而投资。我们是为 LP 服务的。同时你要履行你的承诺，我们这个行业是承诺制的，就是一张纸，我什么时候需要钱，你就什么时候给我钱，然后我按照我对你的承诺来进行投资。我们是为 LP 服务的，我们要做出承诺。这是这个行业健康发展的关键。

林向红：我首先向大家介绍一下我们公司的情况。我们公司叫创投集团，我们所有的投资活动都是通过我们旗下的平台去实现的。在整个股权投资领域里面，我们集团差不多有四大板块。第一大板块，我们是中国做得最早期的一批创投。到目前为止，我们投了 180 个企业，累计投入现金 15 亿元人民币。我们规模做得算是比较大的一个投资机构。第二块，做了 VC 阶段投资的直投。这块是用基金加管理公司的模式来运作的。这些基金大概有 50 亿人民币的规模，主要是民营资本。这块投的项目大概也有 100 个。第三块是正在筹组的 PE 平台，我们是跟交通银行来组建的，这个平台目前在筹组过程中，但是团队基本上确立了，基本上在近期会宣布设立。这是我们的直投板块。我们 2006 年开始跟国开行做了第一期的母基金，到 2009 年为止总共投了 16 个基金。从 2010 年开始跟国开行共同筹组了国母基金，这个母基金对外正式的名称是叫国创母基金。国创母基金主要分成两大板块，一块主要投 VC。我们第一期已经开始运作了，最近网上也有很多报道，我们第一期投了四个 VC 基金，总规模差不多有 30 亿元人民币。

我们为什么会做这样一个布局？这是集团管理团队对整个私募股权投资有这样一个认知，我们基本上把整个私募股权投资看成是四大板块，在直接投资领域，我们在内部是用一个创投公司的形式来做。一个创业的团队，从一个想法，一项技术，变成一个创业的公司，是从无到有的本质飞跃。第二个阶段是 VC，VC 是帮助刚刚起步的技术进行研发，能够做成一个相对规模比较大一点的公司。一个创业公司从小到大这样一个量的飞跃，量的变化，我觉得 VC 能够在里面发挥非常重要的作用。其实对 PE 来讲，也是整个国家经济将来在全球竞争非常重要的一个板块。一个企业即使上市了，它也不一定是很强的。PE 能够帮助一个创业的公司实现从弱到强的转变，在产业领域里面做到领先，在国内，甚至在全球领先。

另外一个板块，在这个上面一定有机构投资人，除了国家机构投资者，我们搭建了四个平台来做这样的投资。我们从 2001 年组建这个公司到现在，通过 10 年的时间，基本上把四大板块都组建起来了，我们希望我们集团能够在四大板块里面跟全国的机构有非常好的合作，为建立完整的资本支持体系去发挥我们的作用。

刚才问到母基金投资人的问题，我们从 2006 年开始做母基金，是想做一些尝试。我们两家先拿钱做，搞清楚怎么样在国内做母基金，我们觉得将来会成为一个很重要的商业模式。到 2010 年，我们设计两个母基金的时候，有这样一些考虑。作为今后一个很重要的投资管道，比如说在座的，你有 5000 万人民币，你要投到赵总 100 亿人民币的基金里面，你很难直接成为他的 LP，因为赵总没有时间谈所有的条款，但是这个基金又不是公募的，所以只能一对一的来谈。以我个人来看，对投资大的 PE 基金，小的投资人，最好是以可行的路径来通过母基金的机构来投，至少在这样一种情况下，母基金将来会成为一个非常重要的机构。

另外，我们为什么当时把母基金设置成两个，投资早期的 VC 基金，我们也设了一个专门的母基金去投。因为投资 VC 和 PE 基金视角还是不同的。一些大的机构也有兴趣来参与这些早期的 VC 基金，但是对于他们来讲需要一个熟悉的过程，以及他们还有自己团队的关注和精力分配的问题。所以一些大机构，它也会成为我们母基金的投资人，去投资一些早期的基金。因此至少有这样两种方式是今后母基金特别可行的方式。

唐葵：各位好，我是方源资本的唐葵。我们是一个美元基金，主要是投资以民营企业为主，提供增长性的资本。我最早是跟杨向东先生在高盛做，那时候是以互联网、电信、媒体为主，后来去淡马锡管中国投资，是金融投资，国企投资是一个比较大的偏向。整个行业现在是全面开花，刚才谈的几个方面，现在都是欣欣向荣，应该说整个 PE、VC 行业，过去十几年在健康全面地发展，各方面都有很大的发展潜力。

2010 年又有一个新的标志性事件，如果不算农行的上市，中国企业在境内融资的金额已经超过了海外上市融资的金额，这意味着国内的资本市场已经真正开始成为主流市场了。在此之前是另外一个标志性事件，就是 2005 年的全流通，如果没有 2005 年的全流通，也就谈不上中国的人民币 PE、VC 基金的存在。从 2010 年开始，会是一个国内 PE、VC 到上市都成为主流市场的这样一个从投资到退出的大环境了。

比如说有很多国际的 LP，对国内人民币基金的涌现，又觉得市场很好，但是又很担心。如何把国外的 LP 和国内的 LP 把这个结合起来，我觉得将是今后几年的最重大的一个话题。

靳海涛：深圳创投在这个行业里面已经耕耘了将近 12 年。我们的主要投资平台是三块，一块是深创投本身，一块是深创投管理的 40 多个政府引导的基金。第三块是海外平台，目前管理资本额超过 200 亿人民币，累计投了 280 个项目，还比较幸运，截止到目前，有 80 个项目在全球 17 个证券交易所实现了 IPO。

我对 PE 后势发展趋势的看法，首先，现在中国的创新，中小企业的发展，可能比美国要猛。所以我觉得总的量是要继续提升的。第二，暴利时代已经过去了。有人讲风险投资很有风险，但风险投资在这几年是很难赔钱的一个行业，只要你好好干。但是以后可能就不是这样了，弄不好可能要赔钱了。第三，服务变得非常重要。如果一个投资机构不能建立投资后的服务体系，不能把重心放在服务的话，可能就会慢慢衰退下来。第四个趋势，位置的前移。因为 IPO 刀光剑影的竞争，由于参与的人多，所以进入的价格就很高，如果在这个领域里面，就逼着你位置前移。另外位置前移也是做 PE 人的责任，把最需要的钱，帮助初创的企业能够脱颖而出。我认为随着 VC 和 PE 的发展，可能还需要由这伙管理人，在统一的规划或者是统一的战略下，去管理其他类型的基金，使创投基金也好，私募股权投资基金也好，不是孤军奋战，而是健康发展。比如说二级市场，假如说二级市场不得到发展，一级市场的基金就没有人接盘了。如果创投基金，除了管创投基金以外，还管理私募和公募的市场投资基金，这可能会使这个行业健康发展。

比如说考虑新型的地产基金。新型的地产基金，主要的商业模式是产权换股权，使这些投资机构在投资企业要钱有钱，要房子有房子，还有新能源的运行基金，支持这些被投企业发展，还支持整个国家的节能减排建设，还包括并购基金，我们在投入过程中发现有很多并购的机会，一开始这些企业做不了，如果有基金能够支持他们的发展，它和传统意义上的并购基金上有一些打法的创新。我觉得未来相关的基金都会发展起来，来支持创投基金作为一个核心基金更好、更健康地得到一个发展。

其实我觉得中国母基金也刚刚开始，应该以后是大有机会的。母基金的管理人，应该是一些在一线做了很长时间，也很有经验的人，他累了，可能到母基金这个层面，把他的经验再贡献给母基金的管理人，使广大的LP会按照他的意愿选择最合适的投资机构。但是，中国整个社会诚信不够。中国人又特别相信自己，不太相信别人，如果说再叠加一层，他会有一个阻力。我觉得随着时间推移，这个矛盾也会逐渐解决。

另外，中小型的机构应该怎么去投资。我是觉得可能还是专业化，你要是全面都做，可能这个中小型基金的生存就比较难了。如果你选择一个专业的领域，可能就会好一些，或者你选择一个区域的领域，如果一个机构在一个区域里面，它下大工夫，可能比大的机构做得更好。总而言之，应该是在区域化或者是专业化上能够给自己确定一个方向，这样中小型的机构也可以顺利地做起来，也可能比较好的生存。

赵令欢：大家好，我是来自弘毅投资的赵令欢，弘毅投资是联想控股旗下做PE投资的一个管理公司。联想控股是柳传志在那儿做董事长、总裁，除了PE这块，联想底下还有一个培养科技转换和企业家的，叫联想之星的孵化器。

弘毅投资起步比较晚，2003年成立，现在同时管着一个系列的美元基金，一个系列的人民币基金。我们主要是关注后期的成长性公司和国企改制重组性的投资。中国的PE市场有几个特性：第一，起步晚。第二，发展速度快。第三，空间大。今天就老生常谈，再谈一遍。空间大这个事，实际上不管近期的波动怎么样，它来源于中国企业两个重要的特性：第一，中国的企业处于中国经济高速发展的早期，所以随着经济的成长，企业会成长。它唯一的区别是说这个企业成长还是那个企业成长，或者一个企业是不是一直成长，还是成长到一段就夭折了。什么意思呢？这里面有很多好的PE可以帮助企业一路成长。还有一个，不管咱们国家的企业现在是国企还是民企，都有一个通病或者一个共同的弱项，就是他们的资本结构里面，本金不足，借贷过高。这个结构实际上会逐渐优化的，优化到本金和债务相对平等。这里面有很大的空间。所谓本金无非就是金融补充的方式，上市之前由这些私募的股权基金来补充，一直培养到可以取信于公众，在公众市场上融资金。

说这个空间很大，我看到以后中国的 PE 大概有几个重要的趋势，我们在研究。第一个，比较现实，中国的 PE 市场经过过去几年热闹之后，逐渐开始回归理性，标志很多。比如说热闹的创业板，平均 PE 从 100 多倍到 60 多倍，再眨几次眼睛就到了 30 多倍，这是一个健康的趋势，因为一个发烧、发热的身体持续不下去，也不是一个健壮的身体，而一个理性的身体是可以持续的。当然过去还有人说全民 PE，PE 实际上还是一个由专业团队来管理，需要很长时间，甚至很多技能帮助企业长期发展的这么一个行业，所以它大部分活儿不是所有人都能做的。当然大家有一个认识过程，我觉得现在大家也开始了这个认识过程，随着公众市场的烧往下退，很多去年专门做 Pre - IPO 的基金可能会吃亏，亏到再重新回来做 PE。你遇到这件事很痛苦，但是对于行业来讲，又是一个健康的事情。所以我觉得回归理性是一个很重要的健康的趋势。

还有一个，中国的 PE 行业也是最近越来越像行业了，它的起步比较晚。最近从立法的角度，到我们自身完成产业链的角度，行业整个要素在快速地得到补充。就在三年前，我和吴尚志、方风雷还在说，PE 热闹起来了，但是乱哄哄的，我们是不是应该搞一个自律的协会，现在光协会都有几百家了。但是我们从立法的角度，早上吴晓灵行长讲了。今天坐在台上的，有 GP，也有母基金，所以这个产业链在快速完善，包括有很多母基金就是为了中国 PE 发展而设的。

还有一件事情，中国前几年是资本的净输入，中国在输入资本的同时，很快变成了一个资本富裕国，但是现在我们谈不上一个资本输出国，主要是没有输出的能力和渠道。

这几个趋势，实际上对在座的 PE 同行来讲，都是特别利好的消息。回归理性，实际上对我们长久地健康地活下去是很重要的。否则，它的行业本身动荡不定，实际上会影响我们的发展。

第二，我们这个链从法律到监管，到上下游不断地完整，会让我们的效率变得比较高。早上大家说了一个现象，历史比较长的一些在中国做的PE管理公司、VC管理公司，因为他们历史比较长，所以融外资特别容易，因为历史长，外资的LP都盯了他们十几年，都想进中国。反而投外资现在有点问题，因为现在有人民币的信心，但是融人民币又很困难，因为整个规范、制度都不健全。

人民币国际化是一个重大的机会。特别是咱们现在有这么多外汇储备，有这么多人民币，现在在国内没有足够的地方去配置，而国际上有很多可以配置的地方，我们现在也有正确的渠道和团队，这个对在座的从业同仁应该是一个认真思考的重大战略机会，因为这个速度会发展得很快，人民币会逐渐国际化。

我相信加上这几条，我们这个行业今后的空间会很大，还是有很多新的事情可以去做的。

刚才讲了并购投资到底有多大？这个统计有不同的口径，去年统计大概是千把亿交易量。真正做传统意义上的并购，降的比例不是特别大，国企改制，有的时候可以控制性地收购。现在逐渐开始有创业者往二代传的时候，二代不大愿意接，或者不大愿意让二代接，从而有一些并购的机会。我估计真正的这种形式，在国内不会超过几百亿这样的规模。

结合刚才第二个问题，关于人民币国际化，是不是对中国PE有一个很好的机会？我觉得是特别大的一个机会，中国创造出这么多财富，没有地方放这个钱，钱往哪儿走，哪儿的价值就很高。这个本身不是说明这个东西价值有这么高，的确是这个钱有外汇管制，它出不去。我们国家有这么多工具，有那么多外汇储备，嚷嚷着美国的国债是不好的事，但是还是在大量买美国国债，主要是我们的能力和渠道不行，这对在座的各位都是很好的机会。现在在美国，一部分是我们自己的原因，一部分属于政治的原因，有一个所谓中国概念股的浪潮，一下很多很好的上市公司在美国价格变得很便宜。像这样的东西，都是配置。我觉得还会有很大的机会。

吴尚志：我就站在今天这个时点上，谈一谈对现在 PE 行业发展的一些看法。

首先，刚才杨向东讲了，从国际配置来讲，我是 4 月份参加的高盛全球资产配置会，5 月份参加新加坡政府投资公司 30 周年的年会，都有一种感觉，全球投资人说今天投资新兴市场好，新兴市场里中国最好。我坐在那儿，我觉得做事挺难的。

第一，增长。我们也觉得有增长空间，大多数发达国家是没有的，今天中国还有一个很好的增长。第二，规模。中国这个规模，净增 GDP 增长跟美国一样，那就是创造了新的机会。这个量就会出现世界级企业。我们今天工业的集中度还是很低的，所以大企业收购兼并，增加集中度的机会非常多。从一个十年的观点来看，因为我们是做长线的，这个机会从全球来看是最好的，我们也不能身在福中不知福。

第二，风险。经济周期，我自己是从 1995 年开始做这行，2002 年做鼎晖，三个周期：亚洲金融危机，然后网络股破灭，还有国际金融危机。所以怎么能够自律、审慎把握机会，2008 年危机的时候，某种程度上，由于策略是投了最好的企业，所以金融危机来的时候，才有很好的整合机会。没有金融危机，你就没有行业整合了。反过来，我们一定会成熟，经过各种各样的事情，作为一个 PE 机构会更加成熟，从自己投资理念来细分，细分不是说做一件事，作为一个机构可以是一个平台，但是不一定每个人都这样，我们会发挥自己的特长，更加长期的、可持续的给投资人赚钱。这是从我们自身来讲。

第三，人民的财富，今天不是没有钱，有钱。但是为什么过不来？我觉得其实很重要的是刚才吴晓灵行长讲的，我们需要一个法规。法要清晰，税务要清楚，监管最好能宽松和支持。其实母基金很重要，母基金是把财富通过一个合理的生态，形成新的机构投资人，通过法律的鉴定，变成一个投资人。今天的基础就是立法，没有这个就形不成一个合理的生态，没有合理的生态就没有新的投资人，没有新的机构投资人就形不成规模。

我非常认同刚才赵令欢讲到的，我看这个行业，从人员、从理念，比很多传统行业要国际化，要更容易国际化，只要政策开放了，我相信这个行业是可以变成一个中国有国际竞争优势的行业，只要政策能够支持。钱有，就是口子怎么开，要市场化地开，给全国人民赚钱，成为一个合理的渠道。我认为中国 PE 行业，不但在国内能够取得竞争优势，甚至可能在一段时间后成为全球性的竞争行业。对于我们这些人来讲，适当有点前瞻性还是很有好处的。

"2011 中国股权投资基金发展论坛主题论坛"实录

中国股权投资行业的发展环境与立法展望

主持人：霍学文　北京市金融工作局党组书记

嘉　宾：王　欧　中国证监会研究中心副主任

　　　　何小锋　北京大学金融系主任、教授、博士生导师

　　　　陈镇洪　香港创业及私募投资协会会长

　　　　黄齐元　台湾并购与私募股权协会理事长

霍学文： 中国股权投资市场如何监管，如何通过监管促进股权投资更快、更大的发展，上午的演讲和讨论，都得出了一个基本的结论。一是中国股权投资市场需要大发展。二是中国股权投资市场需要规范发展。三是中国股权投资市场需要政策支持。四是中国股权投资市场的资金需要流向中小企业、战略性新兴产业和高新技术产业。

过去从国外来看，大家认为股权投资行业没有监管，实际上在美国，股权投资行业也监管，是豁免监管。但是股权投资，除了注册不受监管之外，在美国其他的行为要符合《证券法》的要求。同时也说了，在股权基金发展过程中，应该发挥监管或者是机构监管的作用，也要发挥地

方政府的作用、协会的作用，甚至更多的也要寄托于企业自身的作用。

像国外那样，高净值的个人，或者是公共资金可以参与，而且参与的效率要提高。同时不宜有更多的国有成分作为 GP，因为 GP 有无限责任。

何小锋： 首先关于监管环境，我认为 PE 的监管，它整个体系应该是这样的一个理念，就是政府监管为辅，行业自律为主的一种软监管模式。而政府的监管，实际上现在已经在做了，并没有说政府监管是缺失的。主要体现在两个方面，一个是多环节分功能的监管。比如说 PE 的注册就有工商行政管理局监管。PE 如果想吸收保险公司，保监会要监管；吸收券商的钱，证监会要监管；吸收国企的钱，国资委要监管。PE 要跟外资合作，商务部、外管局也要监管。

监管还有第二个层次，就是中心城市的地方政府。PE 的监管，地方政府可以发挥很大的作用，这是我们通过前几年的实践看到的。比如说北京市 PE 发展，很大程度上是在北京市政府、金融工作局以及中关村、海淀区等等这些政府的支持、服务和监督管理这方面，推动了 PE 的发展。所以我认为中心城市的政府履行了职责，这个城市就会成为 PE 和 VC 的中心城市，得到巨大的发展。相反有一些城市，到现在有限合伙制的 PE 还受到歧视，还不受理注册。有一些政府的有关部门，老自作聪明，老认为合伙企业有问题，甚至有些指责全国人大起草发布的《合伙企业法》，结果耽误了当地的经济发展。我认为这个一定要改变过来，对有限合伙企业，我们必须认识到这是比公司还要古老的一个企业组织形式，甚至在形式上，有限合伙企业绝对量都多于公司的绝对量。但是在我们很多城市，有一些还不让注册，我们有一些政府官员，实际上还对它持有歧视的态度，我认为这是不应该的。

第二个就是文化环境。PE 发展需要有一个好的人文环境，包括舆论环境。我们有一些媒体或者是舆论部门，对 PE 的了解并不深入，而杜撰了一些说法，甚至成为炒作的一个话题，比如说全民 PE、草根 PE、PE 腐败等等这些叫法。有一些叫法显然就是背离了常识的。比如说草根 PE，

PE 怎么能够跟草根联系在一起？这种忽悠草根 PE 的概念，实际上很容易为非法集资找到依据。我们的 PE，每一个组织形式在工商注册的时候，都有人数很少的一个数量限制。所以它是高门槛、高起点的，跟草根拉不上关系。

至于说 PE 是不是有法律缺失，PE 是不是失控、无序的发展泛滥，我认为这个看法也不对。PE 在中国，人民币的 PE 只有短短 30 年的发展时间，它现在还是一个婴儿期。我们不用担心它老年的病症，现在有一些人说失控了，无序了。实际上 PE 出现的问题很少，有一些出现了问题，比如说某些城市有个别的非法集资，实际上你去看，他搞的并不是真正的 PE，只是利用 PE 来从事非法行为，真正的 PE 是合法的，特别是在中心城市，是受到了足够的监管的。

还有就是 PE 的人才培养，这也是一个很重要的工作，PE 的优秀管理人不应该由政府去界定准入、给予资格。这是不对的。如果由政府给予资格，就会变成权力公关的高手就是优秀的人才，所以 PE 的人才是在实践中打拼的。有一些人说 PE 泛滥了，PE 良莠不齐，我认为目前是一个正常现象。因为在实践中大浪淘沙，来寻找出好的 PE，这有一段竞争时期，所以我们不用担心鱼龙混杂，他们在实践中可以分出高下。

第三，PE 的融资环境。中国的人民币 PE 跟国外的 PE 有很大的不同。在国外，高净值个人在其中大约占 10% 左右，绝大部分是向公共机构去募集的。比如说全国社保、商业银行、保险公司，以及商业性的母基金，向这些机构去募集。但是现在由于各种限制，所以募集资金的主体还是高净值个人。这说明我们的企业家他们思想很开通，他们愿意投给 PE，我认为这个进步非常快，5 年前不愿意，现在愿意了。现在所谓不愿意，实际上恰恰是在国企内部，因为国企内部讲的不是所有人是谁，你要追踪国企的所有人是谁，是你、我，是我们大家。国企讲的文化是行政控制权在谁手上，这点它跟 PE 的文化是相冲突的。因为它不是要放在最优秀的管理人手上，而是放在权力级别高的人手上，所以这个文化不一样。中国以后还要解决一个问题，就是掌握资金的公共部门要通过母基金去向 PE 开放。

同时还要发展一个民间的母基金，现在母基金这个领域，清科做了一个研究，92%是各级政府的引导资金，这是一个非常好的现象。第二大是民间的母资金，占4%多，还有3%多是国企的母基金。就像我们讲到苏州创投和国家开发银行合作的母基金，号称600亿，所以大家形象地简称为国母基金，北京市政府"1＋3＋N"的结构，这个1也形象地简称为主母基金。但是我们还缺乏民间的母基金，比如说大学发展基金，可以借鉴哈佛、耶鲁的模式，变成有投资功能的基金。还有很多地方的社保、企业年金等等公共机构，甚至保险公司，我认为应该以母基金的形式去物色最好的管理团队，去替它管理。母基金也有一个政策问题，由于母基金要集中众多的中小投资者的资金，虽然我们按照法律规定不会超过50个，但是希望我们作为PE的投资者，被投企业在上市的时候，不要算托管的人数，什么超过200个就有问题，就是说人数问题，希望主要考虑实质，考虑它的合作运作和规范运作。

最后一个，行业环境。PE很需要行业自律，现在全国股权投资基金协会也成立了。我们一个很重要的工作，就是在会长的领导下，做PE的自律规范意见，我们正在邀请几个权威的律师事务所和会计师事务所在做这个工作。我希望很快就能够把这个推出来，使得我们这个行业自律的环境形成一个非常浓厚的一种氛围。

问：如果证监会监管PE，你认为该不该发金融许可证？

我认为不应该发PE的这种许可证。为什么呢？第一，目前在工商行政管理局注册就可以了，按照法律，这已经有一个合法渠道了。也就是说并不是在中国PE的成立没有人批准，有人批准，工商行政管理局就是一个批准机构，无论是公司型的，还是合伙型的。所以我说政府监管是有的，只是说到底哪个部门监管到什么程度，这个东西有很大的争论。但是这个争论并不妨碍目前这种多功能、分环节以及中央和地方城市两级的监管体系，事实已经存在了。

问：国有企业做与主业有关的PE存在什么限制，如何解决这些问题？团队如何激励？有类似的成功案例吗？

首先国有企业，我们是看不到所有者的。我们看到的都是管理人，所有管理人再设管理人，再设管理机构，都是管理人。虽然他们喊的都是捍卫主人的利益，但是它的文化是强调控制权。从这点来说，国有企业做 PE，跟我所谈到的公共资金去投 PE，我觉得不是一回事。我比较建议的模式，不管是国有企业，还是类似于社保这样的公共机构，他们应该发现优秀的市场化的专业运作的管理人，然后把资金交给他们去管。举一个例子来说，下设一个专业做 PE 的国有企业，大家知道有纪检会、监察局、审计局、外部监事，有自己派去的经过多年培养的好干部去管，但是往往还是出问题，往往效益还是低下。全国社保经过尽职调查，然后交给鼎晖去管。上面所说的这些监察部门都不存在，那么它为什么还能够放心呢？这里面有一个内部机制的问题，这个内部机制总结为核心的机制，就是声誉机制。所以我不太建议国有企业不断地翻板，自己去做 PE，打着一个金融创新的口号，实际上是不断办国有企业。为什么？就是内部激励机制都有问题，因为 PE 最强调个人的才能。而国有企业的激励机制就会发生这些问题。我们合伙企业法起草得很好，国有企业、事业单位、上市公司不能做 GP，这就考虑风险防范为先。如果国有企业做 GP，发生了无限连带责任，就会把国家利益拖到一个无底洞去。我们过去有一些打着创新的旗号，实际上把国家拖到无底洞了。比如说过去的信托业，几乎全行业死亡，国家为此埋了很多单。过去我们的券商也有监管的，但是券商在 2005 年以前也有多家破产的，即使它有客户保证金，国家也得给他填这个窟窿。我们不希望把 PE 变成第二财政局，变成变相的政府投资工具，如果是这样的话，过去已经有失败的案例。所以我建议，如果一个基金的管理公司，应该有民营的投资，有管理人个人的投资，如果要吸收国企投资的话，我建议他不要超过三分之一，不要把有可能发生的无限负债的可能性，通过合并报表传递到国有企业里面去，要发挥个人的作用。

这就跟公募的证券投资基金管理公司不一样了，刚才王欧谈到了，做 PE 管理，然后自己也做投资，他认为这是矛盾的，我认为是和谐的。你管理别人的钱，你首先自己也要搭钱进去，你必须也是一个投资专家。而我们那些基金经理是一分钱也不搭进去的，这两年的形势，公募基金纯赚投资者的管理费。投资者是亏的，管理公司是挣钱的，挣的是管理费。所以我认为管理公司也要投钱，优秀的自然人也应该投钱。所以我对国有企业是否做PE，不能简单地回答行还是不行，要做具体的分析。

我们认为中国PE的发展，还有10年的黄金期，人民币的PE在世界上各种币种里面，收益是最高的。所以中国PE发展前景广阔，特别是中国有一个最广大的公共资产，而这种公共资产管理的PE化趋势正在形成，而这种趋势可以说造成了一种国退民进的新模式，我认为中国PE发展空间非常大，我也希望加强行业自律，希望政府有关部门要挺身而出，做我们行业协会的主管部门。

陈镇洪：作为一个投资人，我是1991年进入这个行业的。1991年的时候，我们是不需要登记的，不是审批的，特别是90年代的时候，那时候是没有人管的。因为很简单，还是像美国跟欧洲一样，如果你们投资是在非上市的投资，他们不管。因为最终来说，你们这些出资人基本上有一点钱的，有一些水平的，他们懂，基金不是在公开市场融资，就不需要监管。这个是我的理解。

我自己是2007年底出来创业的，还是面临中小型企业面临的问题，你们如果注册一个公司，在境内跟境外面临的问题，先说境外的，在境外来说，包括香港很多对冲基金，还是股权基金，很喜欢在香港注册，因为很简单。说白了，律师不用找。我自己来做律师，花了25万块人民币，把这个公司建立起来了。他们说如果你们做非上市企业，不用登记，不过有一天这个企业在境内或者在境外上市，包括在香港退出的，如果你没有登记，基本上说不清楚，可能从法规上来说会出问题。我把这个说出来，对于中国来说，我们的经验可以供大家参考。它主要是关心上市跟非上市的投资，他们觉得这个风险是不一样的。在境外来说，凯雷，他们的投资人的压力是最大的，LP给它压力最大，因为他们是赔钱的。我们这里，不论是从融资的角度来说，还是面对我们自己内部的控制来说，LP对我们的要求是，你们在国内或者是国外去投资，从法规上来说不会出问题，如果出问题了，他们觉得将来在融资的时候会考虑清楚。

联通 1994 年成立，1996、1997 年在境外融了很多钱，但最终还是出现了一些问题。GP 跟我们说，这个是合法的，我拿钱给你，你去投资，投完以后，退出没有一分。所以投了很多资，但是没有赚到钱。我们自己也融了一个，跟苏州做了一个基金，我们明白在国内跟国外做投资还是不一样的。从法规来说，我感觉还有很多可以在境外参考的，特别是香港，香港 1997、1998 年希望做一些，他们政府出了一点钱，出了 1 亿美金，最终给了几个投资管理人，但是出了问题。最终来说出资人是政府，但是还是搞得很不开心，把香港整个风险投资，在中国，包括香港，影响很大，因为最终政府出资还是有问题的。因为政府还没有明白他们对股权投资了解不多。所以从这个角度来说，跟大家分享一下经验。谢谢。

问：请介绍香港协会的自律规范建设的情况，特别是在金融危机之后，发生了什么形态的变化？

坦白来说，我感觉没有改变。从我刚才的论点，这个不仅仅是在香港，包括我自己在美国、欧洲跑了很多。我感觉作为一个 GP 或者说作为基金管理人，我们对员工负责，对股东负责，还有对自己负责。所以对出资人我们也要负责。今天我给你 20 亿也好，5 亿美金也好，你投的不好，那么顾问委员会可以把你换掉。LP 跟 GP 的关系很明确的。

如果是一个管理公司，当要退出的时候，经过股票市场上市，很多由 PE 投资的企业，跟没有 PE 投资的企业，面对不同的问题。我跟很多企业家说，你们把企业做起来，用 1 块钱一股做注册资本，我们投进去的时候是 5 块钱，我们去上市的时候是 50 块钱。大家都很明白的，我们对小股东也要负责，因为我们出的不是 1 块钱，我们是 50 块钱一股，我们在公众市场把股票买上来，你们作为大股东，作为 PE 来说，也是对小股东、公众股东有这个责任的，不管是 PE 也好，还是对冲基金也好。这个是很简单的道理。

从监管角度来说，我觉得如果这些管理人，包括 GP，不管是几年，从法规来说，是由上市的法规把你们规范起来的。简单来说，对小股东没有大问题，对我们出资人，我们自己从法规来说是有规定的。说白一点，监管越少越好。从台湾来说，管得太严了。我有三个孩子，我对孩子管得太严了，不等于他们表现就好。

我自己的意见是两方面，刚才我想说澳大利亚，澳大利亚股权投资协会，他们是最有权力的，他们有做股权投资的，所有的收入都放进去。韩国的股权投资，出资人是我们的老板，把我们这些管理人盯得很死。我自己1991年从银行出来，我是做PE出身的，大银行作为小的PE部门，3500万美金一年投进去，他们说买机票都不够。跟商业银行、投行，跟股权基金，很多矛盾就发生了。第一是确定权在哪里？比如说商业银行，给PE部门去投资，他们不收费用。如果公司做得好，不用说。做得不好呢？人家说这个企业差不多倒了，公司连续做几年，最后也倒了。还是利益冲突的问题。很多券商，包括四大银行，还是面对20年前、30年面临的问题，有优势，也有问题。

黄齐元：我接下来想要发表的是从台湾监管方面来讲。今天听了大家的演讲以后，我很有感触，因为大家都支持鼓励PE在大陆的发展。这个和台湾的潮流和思维是背道而驰的。全世界现在是重新监管，特别在金融海啸之后，大家有一个重新监管的思维。当然这是因为美国以前在金融海啸的时候，对于衍生性的金融产品没有监管。

PE以及对冲基金都是所谓的另类投资，这个在过去是没有监管的。但是现在为什么也要跟监管有关系呢？第一，因为全球的金融海啸。第二，现在的私募股权基金PE和20年前所看到的投资是不一样的，我们以前是为上市进行的股权投资。现在有很多是对于上市公司的投资，甚至像把已经上市的，比如说中国很多企业在美国的证券市场的估值非常低，把那些公司买下来，这个牵扯到上市公司小股东的权益。

台湾的情况是，因为PE主管机关过度的监管，已经造成台湾的PE很落后了。台湾PE历史发展在亚太地区是最早的。最多的时候台湾有200家创投基金，但是为什么在今天创投或许还有一些投资，但是PE机会没有了。这个跟台湾主管机关监管有关系。台湾主要是因为一些政治的因素，特别对于投资对象的因素，这个在全世界是非常特有的。1996

年李登辉的时代，提出了要限制台湾企业对大陆企业的投资，2000～2008年民进党执政的时间，对这个限制更是严格。我们看到很多投资都在往中国大陆发展的时候，台湾把这个门关起来，是背道而驰的。

上个礼拜，亚洲地区最大的一单并购案发生在台湾，将台湾一家电子上市公司下市。但是被台湾主管机关拒绝了，从头到尾，这个过程都是合法，合乎台湾的法律规定。台湾的主管机关提出三大理由都是非常牵强的，第一个是龙头企业，它不能被下市。第二，PE跟银行借钱，也会造成负债比较高。第三，有一些信息披露不够完整。这是亚太地区今年最大的一单PE并购案子。作为台湾并购与私募股权协会的理事长，我在杂志上也大声鼓吹台湾监管当局必须要持开放的态度，但是很遗憾。从早上开会到现在，我颇有感触。全世界现在一方面主张要比较严格的监管，另外一方面还是要放开。我觉得这个都是值得大家深思的。

台湾的投资市场是很小的。台湾有2300万人口，但是在技术、人才、管理以及和国际经验接轨上都比较好，从上个礼拜开始，两岸开始有自由行了，北京、上海到台湾可以实现自由行。台湾各个方面都蓬勃发展，主要还是得力于中国大陆的政策，两岸也签署了两岸经济合作框架协议。这个是从台湾的观点来看，大家可以感受到台湾好的地方。但是各位做PE的朋友会问两岸的PE怎么样合作？两岸的PE可以从产业分工的角度来思考彼此的合作。国台办主任也一再提到两岸新兴产业合作，这个是很正确的，两岸可以在八大新兴产业合作，包括云端、LED等等。大陆领导非常清楚台湾在这个方面的能量，我作为一个来自台湾工作很多年的业者，希望让大陆的PE朋友在发掘投资机会的时候，能够把台湾看做是一个元素，我想台湾的技术人才，加上中国大陆的市场资金、政策，未来实际上是有很大的机会的。

台湾过去电子业的发展，IT非常好，现在也面临新的危机，比如说富士康，因为台湾主要是做代工，传统的代工模式受到很大的打击。未来的市场在中国大陆，两岸的合作有一个方向，两岸的企业如果站在PE的观点，合作起来，台湾的技术，大陆的市场，可以创造中国人的民族品牌，不管是在高科技，还是在其他消费品方面，都可以跟欧美一较长短。

另外两岸的 PE 还应该一起走出去，大陆的企业有钱，但是在管理的能力和经验上比较欠缺。如果能够和台湾的企业一起走出去的话，这是一个很好的思路。大陆企业做海外并购之前，不妨先做海峡并购，把两岸中国人的能力结合起来，希望将来国外比如说是去购买什么，类似吉利汽车购买沃尔沃这样的案例，能够由海峡企业共同来参与完成。总而言之，我相信两岸经济合作的前景未来非常光明，未来股权投资结合的话，我觉得有更多获利和双赢的机会。谢谢。

问：请介绍台湾协会的自律规范建设的情况，特别是在金融危机之后，发生了什么形态的变化？

台湾的监管，在金融海啸之后，其实并没有特别严格，因为刚才我跟各位报告过，台湾的问题是监管过于严格，台湾这几年主要的呼声是希望主管机关不要那么严格，在台湾并没有因金融海啸受到太大的损伤。但是它分几个层面，第一个是就投资目标的对象，以往台湾对于投资的对象有限制，比如说你这个企业在中国大陆，台湾 PE 就不能投资中国大陆太多，或者说你所投资的企业，它自己本身不能到中国大陆有太多的投资，这是现在第一个要求放宽。第二，希望台湾放宽金融机构去投资 PE 和 VC，台湾对金融机构监管极为严格，包括对资金的用途。今天早上听了一些发言，我觉得还是比较羡慕的，虽然没有放开，但是都开了一些口子。台湾对金融机构去大陆投资是极为严格的。这个也是过去台湾发展的问题，台湾创投没有发展起来，就是因为它没有发展机构法人市场，不管是学校的基金，还是年金，还是其他的保险资金。那么台湾以往的创投和 PE 来自于什么？以往来自于上市公司，今天我投了你，你上市了，赚了很多钱，我让你回馈给我。当然从欧美的发展历史来讲，这不是一个正常的方式。对于中国今天来讲，在监管的同时，如何要发展起来一个成熟的机构投资人投资 PE 的市场，要思考到底靠社保还是靠机构，是靠民间企业还是靠国有企业获得高所得的个人。但是如何发展起来一个短期机构投资者，从长期来说，对于中国将来 PE 的发展是相当重要的。

中国整个 PE 的发展，如果从长期观点来讲，还是一个开始，现在大家已经很火热了。但是从长期来讲，还有很长的路要走，我赞成中国 PE 一方面要树立监管制度，但是另外一方面政策要给予支持。另外，我认为要学习欧美 PE 的经验，建立一个完善的机构投资人的基础。最后，中国的 PE 除了资金以外，在管理能量上可以多和台湾合作。谢谢。

王欧： 我是证监会研究中心副主任。今天因为时间关系，我先谈几个主要的观点，不展开讲。先从国外成熟市场的经验谈起，在座的很多都是业内精英，也有不少是律师界、法律界的朋友，所以也不陌生。我举美国的例子，在整个行业里面，美国的市场最大。看美国对 VC、PE 行业的监管，可以粗粗分成两个大阶段，一个是金融危机前，还有就是金融危机以后现在的反思。在这儿我想澄清一个误区，在金融危机前，美国对 VC、PE 不是没有监管，很多人认为金融危机以后才建立了对这个行业的监管。不是的，在金融危机以前，美国一系列法律对这个行业已经有了明确的行为规范，包括 30 年代的证券法和证券交易法，还有 40 年代的投资公司法和投资顾问法，只不过对于这个行业，由于它自身的原因，对于基金以及基金管理人按照 1940 年的投资公司法跟投资顾问法进行证监会注册这条，给予了豁免。这个行业绝大部分基金和基金管理人，都没有按照这两个法案到证监会去注册，这是豁免的。

但是豁免的只是相关注册，而除此之外的基金的行为，都要受到上述法律的监管。指的什么呢？一个是证券投资基金或者是股权投资基金，它的前端募集和后端投资，都必须遵守相关法律的制约。比如说是私募的，你就不能变成公募，必须向合格投资人募集资金等等。而你投资一个公司以后，你一系列的交易行为，包括反洗钱等等这些基本规则，都是在相关法律里面给予了详尽的说明。所以很多国内人士，包括一些专家经常说的，在成熟市场到金融危机之前，对 VC 和 PE 行业是不监管的，这绝对是误导的话。

金融危机以后，由于危机过程当中出现了一系列的事件，导致成熟市场的监管部门和立法部门对这个行业的监管问题进行一系列的反思，出于保护投资人、防范系统性风险的目的，对在危机前大规模豁免的这种豁免注册的优惠待遇给予了重新的修正，取消了绝大部分的豁免。即使对于现在大家比较关心的 VC，注册仍然是一种相对比较宽松的条件，它也给予了新的一系列的规定。在这儿就不细说了。

在美国，对于所谓的创业投资基金，它不同于传统的 PE。在这个方面给予了一定的政策支持，所以在美国，对于 VC 这个行业存在着两个不同的体系，一个是证券行业的行业监管体系，一个是政府政策部门的政策引导体系。这两个体系同时并存，并不矛盾。所以这是国际上对这个行业基本的一个监管情况。

回过头来再看国内，国内这几年的发展速度非常快。在这个过程当中，我们发现也有几个特点与规律。

第一，由于我们证券市场在过去几年的发展，这个行业享受到了非常高的投资回报，这也是这个行业快速发展最直接或者说最根本的一个原因，就是说这个行业有了财富效益，尤其有了巨额财富效益以后，导致这个行业快速膨胀。我们发现最近几年大量的机构、大量的人员涌入到这个行业，这个行业的关注度也快速上升。

第二，不同于成熟市场的区分，目前在国内，无论是它叫什么样的基金，或者叫 VC，或者叫 PE，其实都做的差不多。大部分，甚至相当大的部分，都是集中于所谓的 Pre–IPO 阶段。真正做传统意义上的 PE，或者是做早期的投资，比如说像天使基金、种子基金等等这样典型的 VC 的，都非常之少。无论称它为 VC 市场、PE 市场，其实都没有太大的关系，这个行业目前的特点是集中在中端，还不是两端。

第三，由于这个行业在短时期内快速发展，在总体比较欣欣向荣的情况下，一个比较极端的非法集资，到比它轻一些在投资端发现的一些不太规范的行为，媒体也称为 PE 腐败。还有到募集阶段看到的违法行为，比如说变相公募。私募的界定是两个条件：第一，你的募集对象必须是合格的。第二，募集的方式必须是非公开的。我们很多机构，在目前募集过程中，其实存在着一些不规范的现象，涉嫌用公开的方式或者是变相公开的方式来募集资金。再比如说某些地方上的资金出现了保本或者是变相保本，出现把杠杆做在基金上，出现提前分类等等一系列的现象，都是让业内比较担心的。再比如说市场整体环境还不十分规范，没有这个基本的行业规范，很多基金管理人，一二级通做，在给投资人管理基金的同时，自己也在为自己的资金做投资，等等一系列的行为都是这个行业初期不太规范的表现。还有一些地区在大力推动这个行业发展的同时，又忽视或者说过于忽视了规范的作用，出现了大批的基金或者说管理公司在一些地方注册，但是经调查发现，其中的绝大部分机构，甚至在该地区都没有一个办事处，没有一个办公室，使一些地区成为避税或者是规避监管的一个金融地。

大家知道，金融危机以后，为了吸取金融危机的教训，全世界都在检查或者说反思对于一些避税天堂监管政策，在从严监管，在这种条件下，如果我们再出现一些事实上的监管洼地，对行业的规范发展是不利的。在这种情况下，就引出了下一个问题，我们目前这个市场需要什么样的规范。

修法的目的，第一是规范基本行为，比如说合格投资人。这是整个非公开募集基金市场的核心概念。还有比如什么是合法的非公开募集？这两个概念，与之相伴的相配套的规章，将为整个行业提供基本的行为规范，这也是金融危机以后，世界各国出于保护投资人，或者说保护金融消费者权益所着力的重点。这里面要协调的问题是，在中央应该建立起什么样的行业管理体制？中央与地方政府如何协调、分工？从行业角度来讲，行业行政管理与行业自律管理，与金融机构的自我管理应该是什么关系？我个人认为这应该是一个逐渐递增的关系，从重要性角度讲，对于我们这个行业来说，因为它自身的特点，机构的自我管理是最重要的。行政管理应该是相对处于一个比较轻的一个位置。这三个环节有机配合，才能建立起有效的行业规范体系。

最后一个，当然也是为了防范可能出现的系统性风险，我觉得通过立法建立行业的基本规范，主要包括这么几个目的，立法的最重要的原因是区别良莠，是为了更好规范这个行业发展，而不是限制这个行业发展，有了基本规范以后，这个行业才能走得更长远。谢谢大家。

问：如何看待美国强行退出中国9只概念股，这将对中国PE投资有什么影响？

由于一系列的事件，我们一些在美国上市的中资股的股价起了比较大的波动。我们也在关注，其中原因也比较复杂。大致分成两类：一类是通过各种各样的方式，用小红筹也好，借壳也好，在纳斯达克第一层次板块上市以后转板的企业，由于在近期曝出了一些会计方面或者是合规方面，甚至一些涉嫌欺诈等丑闻，导致了一些中资的小红筹股票股价发生大的波动，在这种情况下，由于美国证券市场特殊的环境，包括它集团诉讼，包括它的机构的做空力量比较强，导致个股的波动波及成为板块的波动，变成了一个中资概念小红筹股票集体大幅度的波动。这个可能是由于企业自身缺陷的问题。其次由于我们对美国这个市场理解不是很充分，应对不是很充分，我们也在关注。另外，最近由于某些特殊事件，对一些公认的、治理比较好的中资红筹股，通过某种特定的协议捆绑方式到美国上市，所引发的潜在法律风险，导致一些比较好的中资概念股价也产生了波动，这个性质是不完全一样的。这反映的是在现实环境下，我们一些因为种种原因不能按照正常渠道出去而用了所谓的协议控制的方式出去所带来的潜在的内生的这种法律风险，这种风险过去一直有，但是没有挑明，这次由于特定的事件被放到阳光下，使得投资人，尤其是美国市场上的投资人，对这种风险的评估发生比较大的改变，这个我们也在关注。

但是总体来说，不是在境内市场上市，作为一个机构来说，影响相对有限。我们与美国以及相关的监管部门也有联系，也在共同研究。

这个行业由于它的特点，它的投资应当是风险承受能力比较强，个人承受度比较高的一个群体。从这个意义上讲，这个行业最终负责的应该是投资人。所以这个行业公募基金监管和私募基金监管是不一样的，这是非常明确的，我相信在政府内，无论是证监会，还是其他部门，无论谁最终承担起这个行业管理的职能，都不会把这个行业向公募的方向来管理。这个是肯定的。在这个大前提下，全行业应该凝聚人才，献计献策，建立起适合中国本身特点的，适合这个行业发展阶段的一个政府引导、管理与行业自律、机构自我管理相结合的有效体系，这个体系很可能与欧美的体系不完全一样，很可能是有我们自身的一些特点，这个需要大家，包括今天在座的几位专家一起来献计献策，共同努力。

"2011 中国股权投资基金发展论坛分论坛一"实录

多层次资本市场下的PE发展机遇

主持人：刘乐飞　中信产业基金管理公司的董事长

嘉　宾：熊　焰　北京产权交易所董事长

**　　　　李新中　渤海产业基金执行董事**

**　　　　曾　军　富汇投资董事长兼总经理**

**　　　　申　达　清科投资集团董事总经理**

刘乐飞：我们刚才在沟通的时候，说我们不止是机遇，对于像中国这样的新兴市场来说，更多的还有挑战。中国这些年资本市场发展非常迅猛，到目前为止，已经是全球第二大资本市场了。这些年，在政府的重视和大力支持下，中国的资本市场也呈现了多元化的发展格局，包括陆续推出了像中小板市场、创业板市场，还有最近大家都在热议的三板市场。我想非公市场也是未来发展的一个非常重要的领域。对于美国这些资本市场发达的国家来说，非公市场是一个非常重要的领域，对于我们这些 VC、PE 机构来说，也带来了更多的机会和机遇。

未来要发展更多的三板市场，国家对三板市场也是非常重视的，证监会专门成立了非公开市场部，重点是来监管和发展非公开交易市场，就是我们所说的三板市场。同时我们也看到，现在除了国内的这些股权投资机构之外，也涌现出了很多类似地产基金，包括还有一些机构专门投资一些资产，比如矿产、林权，甚至还有一些碳排放交易权等等这样一些专业型的基金，专业型的基金目前在国际市场虽然不是特别大众，但是也代表了新型的投资方式。

很难用一个具体的 P/E 倍数来看待某一个企业，包括我们投资的企业也是一样的。有的企业可能三倍、五倍也不会投。因为它本身存在着上市、未来退出的各种法律或者是相关的一些问题，比如说有一些亏损的企业，甚至是互联网的企业，没有办法用 P/E 衡量。但是作为整体的市场，我们还是用这样一个整体的估值来分析的。现在创业板市场，可能是 50 倍，但是未来我想可能不一定能够保留在这样的位置上面，因为我们看到全球所有的这些创业板市场，包括国内的中小板，包括主板，很难维持这样一个 50 倍整体的高位。未来我想仍然会继续向下的这样一个趋势。这是一个历史的规律。

随着中国社会发展，商业环境在不断成熟，在不断走向国际化，作为一个商业社会，资本市场是血液，因为我们不但有股票市场，而且还应该发展股权市场，包括我们未来的三板的非公交易的市场，还有像类似期货等交易市场，只有这些市场多层次发展之后，会带动整个全民创业的热潮，培育更多的企业家，培养更多中国优秀的商业企业。因为只有中国培养出越来越多的优秀的企业家，培育出越来越多的国际级的、世界级的企业，中国的经济才能脱离今天的规模，而真正走向未来的经济强国。面对这样一个经济发展的机遇，对于我们在座的各位 PE 行业从业人员来说，应该说也会带来非常多的机遇。从我个人来看，我认为机遇要远远大于现在的挑战。机遇有两个方面：一方面，商业社会的发展，会带来更多的有价值的企业、有价值的资产越来越多地涌现。同时，相呼应的是中国目前巨大的财富管理市场，中国现在整个上百万亿的财富规模，我想未来也会对在座的各位提供非常充足的资本。对于我们 PE 行业也好，VC 行业也好，我想未来资本不是问题，我们自身的能力建设可能是最大的一个问题。

熊焰：今天这个话题是多层次资本市场，实际上我们所说的资本市场，如果说分成两大类，一大类是标准的、传统的资本市场，它与股票市场、债券市场、期货市场为代表。股票市场发端于荷兰，兴盛于美国，实际上是工业文明鼎盛的标志。现在在中国，由于中国的财富聚集、形成、流转与配置的规模与发达市场经济国家完全不一样，因此，中国的资本市场的发育路径也不一样。其中一个路径的选择，像北交所这样的非标准、类标准化的产股权为主，主要面向特定投资人，就是合格投资人，主要是基于互联网这样一种网络交易的资本市场，应该说正在迅速崛起。大家知道这几年我们股市的一级市场，实际上对于企业融资而言，主要是一级市场。我们对比一下产权市场，北京产权交易所去年的交易额是2227亿，今年1到6月份出来，我估计会接近2000亿的交易。这是一级市场。

这样一个市场的业态，我们讲产权市场可能是新兴的资本市场。它主要是面向非上市公司，也就是非上市的有限责任公司的股权流转。目前北交所给自己的定位是三大业务方向：企业国有产权流转，其他公有权利的流转，中小企业融资以及PE交易。应该说我们长期关注PE流转问题。因为即便是在发达的市场经济国家，PE投资也就是20%左右在股市退出。当然不同的PE公司的数据不一样，一般平均也就是20%左右是在标准化的资本市场，也就是在股市退出的。80%是在其他市场，并购市场，包括这样的场外市场退出的。因此北交所在致力于打造为PE聚集寻找项目和退出服务的这样一个平台，建立一个中国新型的资本市场。

问：介绍你们对于一些相关的专业交易所设计的具体考虑，同时在这些专业领域来看，给投资机构会带来什么样的投资机遇？

应该说北交所作为中国新型资本市场的一个重要探索工作，我们想打造以人民币管理的财富市场。一些大宗商品和大宗商品权益也进入了我们的视野，这就包括矿权，还有林权交易所、中国技术交易所，北交所本部下面要投资9到10个这种专业的交易平台。这些平台总的目的，是试图为这样一些相对专业的资产与股权提供更好的产品汇集、资源汇集、投资人汇集和流通的这么一个通道与环境。北交所上半年交易额近

2000 亿，整个北交所集团的交易额是这样的情况。

对于投资人的机会而言，除了 PE 这个行业，如果让我推荐一个行业，就是林权。中国林权改革的框架已经基本清晰了，产权清晰才能做长线投资。接下来在操作过程中，如果是产权清晰，便于积小为大，能够形成长期投资的话，林权是一个非常好的长线投资。据数据表明，哈佛校产基金相当大一部分投资在林权上。

另外一个投资方向，就是新能源跟碳排放，这个领域可能今后在中国有很大的空间。因为中国目前是全球第一的碳排放国，由它的总量相对应的碳排放权资产化、证券化以后，应该说市场空间和总体量也会很大的。也希望大家关注碳排放权。至于其他矿权，这就很显性了，大家都可以去关注。

问：作为北交所来说，成立了很多这样专业的资产交易所，这些交易所，为 PE 基金提供了什么样的专业服务？同时，在这些专业的平台上，作为一个投资机构，如何来参与这些平台中的一些投资项目、投资机会？

北交所集团目前一共有 10 个机构，下设 9 个专业的投资平台，第 10 个专业投资平台不久也会出现。它是一个紧密型的协同作业平台。大家使用北交所这样一个平台，最好的办法就是在这个上面寻找项目，你可以按照你的专业方向和你感兴趣的方向去寻找项目。再就是可以与北交所这样一个专业平台，做某种业务上的更紧密的协同。因为股权投资平台是非标准的，因此它的流动性不是非常好。我们一直希望打造一个新兴资本市场平台，形成做市商机制。这样一个做市商机制对很多 PE 机构有好处，就是近距离盯准以北交所为代表的中国产权市场。在这样一个产权市场中，有很多一眼就能够看出油水的地方。比如说北交所的企业国有产权，根据我从业近 10 年的判断，首先它没有虚高的东西，同时国家解决了包括员工在内的一系列的其他不宜流动的流动问题。但是它的挂牌时间，由于它改革的时间只有 20 天，在 20 天如果决定一个几千万，甚至上亿的这么一个投资决策的话，对很多机构实际上是力所不能及的。这是很明显的给产权市场的一种机会。我们身边有很多投资朋友和机构在谈这个事情，这也是一个方向。

另外一个方向，北交所在中关村管委会指导下进行中关村科技金融园区的推动工作，就是把PE、VC与银行、担保机构、融资租赁机构做成一个业务组合，我们开玩笑说就是做一个药方，这个药方不是单独一味药，把PE跟融资租赁相结合，把PE与贷款、担保公司相结合，相互借势、相互支撑，形成综合的科技金融组合解决方案。像这样一些事都跟大家有很好的互动。

问：北京产权交易所下面两个子交易所，一个是矿产交易所，你认为有没有可能发展成为类似加拿大和澳大利亚这样的风险勘探的资本市场？同时，像技术交易所，像技术孵化阶段，会发挥什么样的一些作用？

北京国际矿权交易所，他们接下来的业务方向，目前主要是矿权流转作为主要业务。它对两个方向比较有兴趣，一个是大宗矿产品的交易，还有风险探矿权的交易平台。

关于中技所，我们北交所集团希望中技所、北金所等几个平台联合行动，共同促进中关村科技金融的试点，我们现在希望在中关村打造一个中小企业投融资的中关村模式。这个模式提起要点，希望把不同的金融服务，把金融产品组合起来，因为任何一个企业，它的金融需求都不一定是单一的，它可能是这个阶段需要贷款，那个阶段需要股权投资，就是PE或者是VC，某个阶段还需要发集合债。推出服务组合，实际上有利于包括银行在内降低操作成本，规范化、规程化、产品化，有利于降低操作成本，但是这类金融资产可能是零售的，但是集中起来可以再一次流动，就是打包作为一个资产包卖出去。对企业，我们实际上对企业提供一个持续的信息披露的这样一种机制与平台。这样一些思考都在相关监管机构，包括金融局、管委会、财政局的支持下往前推进，希望中技所的实践，给PE的朋友们也提供一个非常便于操作的，而且政府支持更显性化、规范化的很便于接受的这么一个服务平台。

李新中：对于今天这个题目，多层次的资本市场给PE带来的发展机遇，简单地说，给 PE 提供了一个更多、更好的发展空间。对于 PE 来说，退出是一个特别关键的环节。在这个行业来说，实际上成熟的市场上，PE 的退出，除了通过上市这样一个渠道之外，还通过并购这种出售的方式。对于中国来说，目前情况下，大部分退出还是通过上市。当然现在多层次资本市场的发展，给 PE 退出提供了更多的方式，包括产权交易的方式，这种方式，可能为不符合上市条件的企业提供了交易机会和渠道。另外实际上对于 PE，可能有一些在后端的，在行业整合这个方面，也提供了一个需要的方式。就其他规范的资本市场情况来看，我们从主板市场到中小板，到创业板，现在谈到三板，或者是 OTC 这样一个多层次的发展，实际上也是丰富了我们整个 PE 的退出渠道。

当然这样一个情况，给我们带来机遇的同时，实际上也给我们投资者，也就是 PE，市场参与者，包括管理者，提出了更多的挑战或者是带来了需要关注的问题。对于 PE 来说，在前端投更小的机会，给他们一个退出的机会。在这个方面，创业投资就可以走得更快了。但是同时，基金，特别是管理团队，实际上也面临着更大的挑战，因为如果投更小的企业，或者说前期的企业，相对风险更大，这样对团队专业化的能力，特别对一个行业、企业、团队、产品、技术等方面的研究和分析能力，提出了更大的挑战。因为有更强的专业能力做价值发现和价值创造，在这个方面也对我们这个行业提出了比较高的要求。

另外一方面，对于市场管理者来说，实际上也会面临更大的挑战，因为从主板到中小板，到创业板的时候，相对来说上市企业的风险系数提高了。我们在推出 OTC 这样的三板市场，实际上对管理者也提出了更高的要求，特别是中国这样的国家，我们不像国外那样完全市场化的备案制的市场方式，很多风险都是由风险机构，由企业，由股东管理层自己来承担的，更多的监管机构也是政府的一个部门，所以这个方面，实际上可能面临的压力也会更大。另外一方面，特别是创业板、三板市场的发展，也需要我们市场参与者更为成熟。对于投资者来说，短线的东西比较多，在创业板和三板，在成熟市场上，应该更多的是专业的投资机构来参与，这方面我们市场怎么去培育，怎么去做教育工作，也是未来我们需要面临的问题。

问：渤海产业基金对于中国 PE 市场未来的一些看法，包括谈一谈你们对于未来投资的一个热点，包括对于渤海产业基金未来的一些考量是什么？

关于中国 PE 行业的发展，今天上午做了很多的探讨，很多大腕级人物都给了我们很多方向性的说法。具体到我们作为一个在前线的基金管理团队成员之一，首先感觉到这个市场确实钱挺多，需要钱的人也挺多，竞争也很激烈，这是这个行业面临的现实状况。

我们现在整个经济的走势来看，从行业也好，某一个特定产业也好，都有它上上下下的一些周期的表现。作为资本市场，实际上本身也有这样一个特点，从渤海来说，我们自己还是坚持一个价值投资的理念。总的来说，以基础因素来做我们投资判断的一个最基本的考虑。从中国目前经济发展行业的走势来看，我们现在实际上跟国家整个"十二五"的发展战略还是有很大的配合度的，七个新兴产业，包括熊总说的新能源，其实我们也都是重点关注的。这些方面，我们从找项目到做项目过程中，也是重点来关注相关行业的。现在我们也在准备二期融资的项目。希望在这个方面和业界同仁们一起努力，能够为整个行业的发展做一点贡献。

问：创业板推出后，这一年来的市盈率，平均市盈率由百分之百快速下降到 50%，请问你如何看待这个现象？是监管不力，还是基本面经不起市场考验，多少倍的创业板市盈率比较合理？

如果抛开咱们创业板的表现，应该说这个行业都清楚，对企业的估值实际上是一个非常困难的问题，它涉及的因素非常多，不是简单的一两句话，或者一两个公式，一两个模型就能够解决的。实际上从这个行业内来说，不管多么有经验，最后经常在这个问题上也要费很多的心思。

如果说创业板或者二级市场的表现，从我个人看，实际上它都有一个过程。特别是我们国内资本市场，它还处于发展期，还不是很成熟，特别是市场投资者，散户发展多，有的时候是一个概念，或者有的时候赶上一个机会，有机会的时候大家都去炒作。但是最终一个企业价值的体现，估值还是由市场因素来决定的，就是说它的基础因素决定它的价值最终的一个杠杆。回过头来，不是指创业板，主板或者说中小板，过去也都在说我们的二级市场股价太高，市盈率太高，跟国际其他成熟市场比，我们比他们高，实际上还是有下跌的空间的。当然问题可能不是这么简单的，也不是我刚才讲的，就是一些炒作的因素，当然高的原因，除了那些因素，包括流动性也好，包括资金的出路也好，这些都可能是多方面的因素。总的来说，中国经济增长，很多企业的增长，相对于国外企业来说，还是有更好的表现。

现在包括散户，也越来越成熟了，也看到了这些价值决定一些基本因素，大家除了其他的考虑，也都会考虑这个方面的因素，包括主板，主板素质很好的企业，现在市盈率经过这几轮调整，已经非常有吸引力了，相对于国外市场，我们经常比较的是在香港做 H 股上市的，国内有 A 股挂牌的，以前 A 股要高于 H 股，现在反过来了，倒挂了。包括今天上午也都提到了，有一些很好的企业，实际上它的二级市场的股价，可能比 PE 投的价格还要低。

这些情况都是一个过程，有各方面因素的影响。包括香港当时创业板推出来的时候，也是有一个炒作过程，跟互联网泡沫也有关系，最后也有一个回归理性的过程。我们创业板也好，中小板、主板，包括未来推出的三板，最终还是一个企业的基本因素决定的。具体哪个市盈率还是合理的市盈率，最终并没有一个一刀切的说法，应该根据不同的行业不同的估值方法，有很多方面因素的影响。包括散户投资者，可能对这个已经非常了解了。当然从 PE 投资来说，也会考虑多方面的因素来做价值判断。

曾军：富汇创投成立时间不长，我们成立只有三年多的时间。我们从第一期基金开始，就做了天使投资，我们现在是第二期。第二期基金也是分成两个独立人，第一个做早期的，我们得到的国家发改委参股的支持。实际上从法律结构来讲是母子基金的关系，他们投资的领域做了严格的区分。早期投资我们还在做，因为它的周期比较长，我们的节奏会慢一些。

中国创业板 2009 年推出，到现在的新三板扩容，有可能年内或者是明年推出，确实对创业投资带来了巨大的机遇，创富的神话在这一两年也炒得非常热。包括现在的新三板，到目前为止，有 85 家挂牌的企业，之前一共挂牌的有 90 家，但是有 5 家已经退出了。这 85 家最近一年来的融资市盈率达到了 20~40 倍。而在此之前，三板企业的融资相对是比较难的，它的市盈率很少有超过 15 倍的，从这点来说，我们创投行业确实这几年发展的非常快，也出现了比较热的情况。上午靳海涛靳总也提到了，我们创投，可能也包括 PE，暴利时代已经过去了，应该说进入了一个合理利润的时代了。我们可以看到投资进入的价格非常高了，连新三板还没有正式推出，也已经是比较高的价格了。

所以在机遇过程中，也确实存在着挑战，存在着风险如何进行管理。刚才我们还谈到，对我们管理人来讲面临着更多挑战，如何把管理人真正做好，能够让我们 LP 有良好的回报，能够维护我们很好的信誉。刚才李总也谈到了专业化的问题。我觉得这是唯一的一个途径。

作为创投机构，投资于早期项目，更多的应该是培养自己团队的专业化，投资领域的专业化。我们应该耐心地打造一个专业化的团队，这是我们面临的挑战。

另外从机遇来看，这几年我接触到了一些非常好的现象，因为我们自己也做天使投资，我发现中国现在的天使投资也逐步多了，首先表现在个人投资者有很大的增长，确实中国存在着很多创业的机会，创业、创新、创造，各地政府也支持很多高新技术企业的发展，有很多的孵化园，有很多的孵化器，这使中国的经济转型能够真正走向创新和创造。中国是一个新兴市场中的热点。在这个大背景下，能够使我们在早期投资科技成果转化方面有很大的机遇，有很大的增长空间。我本人同时也兼着海淀创投协会的秘书长，我们也想在这个领域当中更多地团结天使投资机构。在美国真正做个人投资的有将近 1 万个，中国按照这个数据比，我认为这个领域仍然有非常大的空间。

问：天使投资也好，作为创业投资也好，目前这个市场中的一些机遇和挑战，对于创业投资者来说都有哪些？

我继续讲讲我个人的感受和体会。

首先，机遇，我觉得是非常大的。原因是全国各地各级政府在积极推动企业的上市。我知道北京 2010 年有 39 家上市，2011 年的目标可能在 50 家以上。这当然对做大中国的资本市场，推动中国各行业的排头兵，通过资本市场做强企业，是一个非常好的举措。

第二点，我们看到越来越多的企业家，已经逐步认识到私募的投资以及随后的上市到资本市场对企业发展的重要作用。很多企业是行业的第一名，结果行业中第三、第四名的企业都上市了。我们更多的民营企业认识到了私募投资到资本市场对企业发展的推动作用。

第三点，这是一个更重要的背景，就是中国经济的增长，以及我感觉到中国现在尤其是沿海城市，研究机构，大学比较集中的一线、二线城市，对于创新园区、科技园区、科技型企业的推动是非常大的。中国这方面很多行业集中度不是很高，很多创业企业在发达国家更有机会能够冲出来。我觉得中国的创新、创业成功的几率，在全球是非常大的。基于这几个方面，这是创投行业发展大的背景和机遇，当然也提到了多层次市场会进一步完善，也会推出的更快。包括新产品，对于利润几乎是没有要求的。等等这些，都是利好的因素来推动行业发展。

当然也存在一些挑战。据我个人的感受和业内的交流，最近这两年来，这个行业的募集资金量，一下二三十亿，上百亿的基金都有报道，据说这个行业就这一年多来募集资金量恐怕超过了 5000 亿。当然这个数据很大程度上有水分的，但是这么大的一个募集量，在短时间内完成投资，比如说在两年之内完成投资，我们看到这中间一定会有泡沫。我个人在创投行业，其实我们要算数据的话，美国大概这几年基本上都是在 200 亿美金左右，最高峰是在互联网泡沫之前的 2000 年左右，那时候达到了 400 亿美金。中国 2010 年已经达到了 130 亿美金的创投规模。如果按照这样的规模来看，我觉得最多只有 3 倍左右的增长，当然中国 GDP 还会增长，这个量还是会有增长的。但是从这点来看，尤其在创投行业，并不是像我们想象得那么大的增长。在资金供应和融资需求方面，如果资金供应量这么大，短时间内要去投资，这中间是有一个很大的挑战的。

所以现在大家看到一个现象，PE值越来越高，我们投入的价值越来越高。这是从宏观的数据来看。这是我们要面临的一个挑战。我个人认为解决这个问题唯一的办法，就是耐下心来。投资项目的时候，我们要将我们的投资周期延长一些，不是两年，甚至是五年，尤其对早期投资来讲。还有更加的专业化，包括提高我们的投后管理增值服务方面的能力，这个方面都是对GP的一个挑战。

从早期的投资，我个人认为创投行业在中国，现在这个阶段有点像美国80年代初期，大概1982年到1985年的阶段，那个时候在美国也出现了大量的机构。经过几年的洗牌以后，一批GP投资人业绩不好，逐步逐步退出。我感觉在中国也面临了这样一个问题，也许在三年、五年以后，我们会看到真正有专业能力的、耐心的机构，他们会生存下来。这是我们作为创投管理人特别要注意的一个问题。

天使投资，我个人认为随着这个行业的发展和洗牌，一定会使更多创投向早期延伸。另外一个发展趋势，是更多的机构会走向并购。当然这有赖于我们资本市场规管政策能够放开，还有规管政策的限制，逐步有一些放宽的政策，我相信中国在这两端是未来发展的趋势，我们也一定能够从规模上超过美国2000多亿的总体投资规模，这在中国是完全有可能的。

问：你作为一个创业投资者和天使投资机构，是怎么看待天使投资退出问题？是不是一开始就想着企业去IPO，未来靠盈利来一年赚几百万、几千万退出。同时请介绍介绍国家参股天使投资基金的一些情况。

我想在此之前谈一个创业板P/E倍数的问题，当然不同的公司有不同的P/E倍数。有一个指标是可以衡量的，就是所谓的P/E和企业利润增长率之间，最好不要超过0.8，最高不超过1.0。如果持续3年以上，70%增长率，可以给他50到70倍的P/E增长倍数。但是要持续很长时间，一年有70%的增长率，可以给一个相对高一点的P/E的估值，这是要持续几年的高增长率。我经历过香港资本市场，我们公司当时在全国是最好的公司，每年有30%的利润增长，上市的时候，香港资本市场给了我们9.2倍的市盈率，而且IPO以后，当天还跌破了发行价，到2008

年卖出这个公司的时候，我们把控股权卖出了，我们只得到 17 倍。就是发达的成熟的市场，回到了一个相对理性的 P/E 倍数。当然我们这个企业不是 IT 类的，相对是一个比较传统的企业，我认为它是一个理性的估值，一般不会太高，20 倍以内是合理的，除非有特别高的增长。

回答刚才提的问题，可能我们这个基金有一点不一样，到目前我们天使投资基金的钱是管理合伙人自己的钱，也加上国家和北京市，包括最近海淀区政府的引导基金也会投入，我们是四方股东。国家是比较有耐心的，因为它就是来支持早期投资的。我们合伙人因为用了自己的钱，所以没有 LP 的压力，我们在做早期投资的时候，周期比较长，比如说 10 年或者 8 年。退出的方式，我们当然希望通过 IPO 退出，但这个过程有变化的话，我们也会积极利用其他的退出渠道，包括熊总他们的产权交易市场。因为早期投资的时候，你无法想得那么好。如果能够 50%、60% 成功退出就会非常好，就会有非常好的收益，能够做到 50% 以上的成功率就是非常好的一个回报了。

申达：清科集团 10 多年来一直从事 PE 行业的研究，这是目前国内大中华区最领先的 VC、PE 研究商。另外清科也有一个人民币基金和一个美元基金。

清科投资是清科集团下的一个母基金的管理平台。我们希望通过母基金业务，选择中国优秀的基金朋友，扶持他们更好地发展，同时为清科母基金投资人实现很好的回报。清科母基金的目标是成为中国最值得信赖的、回报最好的民营母基金。

清科这些年来办了非常多的会议，给政府，很多 GP、LP，包括社保、国开行、北京市，还有中关村科技园，都做了一些关于 VC、PE 行业的研究，我们一直以来都在为这个行业提供服务。我们一直会成为这个行业积极的服务者。而且我们办了相当多的培训，我们觉得中国 PE，尽管大家说非常火，但是实际上很多人对这个市场还是缺乏足够的了解，很多投资人缺乏足够的保护意识。我们可以看到的是，中国市场是不完善的，我们首先从 LP 的结构来看，机构投资者还是很少的，大部分是个人和民间，他们才是市场投资的主体。从这个结构来看，如果散户过多的话，那么这个市场就是不够成熟的。我觉得下一步我们要大力培育机构投资者。

清科每年在全国办很多会，我经常都去参加，发现全国各地，不管是二线城市还是三线城市，每个地方都有大量的GP涌现出来，但是这些机构没有管理能力，都是一些机会主义者。实际上跟其他一些优秀的GP相比，差别也不是很大，他们也能够利用自己的关系募到钱，但是一些比较好的GP，像北京、上海和深圳，实际上募资还是有很大的困难。这方面的市场也是不够成熟的。

从项目竞争力说，现在项目竞争非常激烈。像被投企业P/E达到30倍，很多机构不愿意投入。这么竞争下去的话，PE的回报在未来若干年可能要下降的。但是我们也相信一些投资于中早期项目的优秀的PE，他们还是会继续保持比较高的回报的。

另外谈谈多层次资本市场，据清科的统计，目前大部分PE退出的主要渠道还是通过IPO，而且是通过中小板和创业板。2010年中国VC、PE投资，累计起来有五六千家，但是每年中国资本从国内外上市的，也就是400家左右。这么大量的预上市企业，都挤在IPO这个独木桥上，这是很不乐观的。中国多层次资本市场的建设还任重道远，重要的是要发展三板市场。中国要加快扩大三板的范围。而且要积极发挥产权交易所的网络，像北京产交所、上海交易所等等这些交易所的力量。

问：如何来看待中国的母基金市场，为什么在现阶段会成立这样一个母基金，对于这个市场你们看到的机遇是什么，同时还有哪些问题？

母基金，它跟一般基金的不同之处，是它的投资目标是基金额，它通过投资一系列的基金额，实现分散风险的目的。它最大的好处是能够高度分散风险，同时能够获得所投资优秀基金加权平均投资回报率。即使所投的基金失败了，其他基金所获得的收益也足够弥补损失。所以对于广大投资者来说，无论对于一些比较小的投资者，还是对于一些资金量非常大的机构投资者，投资母基金比投资单个项目或者单个基金，应该是一种比较好的选择。因为小投资者，一些好基金他是进不去的。母基金规模比较大，而且它有专业的管理团队，所以通过母基金，它能够获得比较好的投资条款，而且能够在众多基金里面成为真正的优秀的能够持续健康发展的优秀基金。对于一些大的机构投资者来说，他们有一个专门的团队，从成本上来说，比较合算。另外从经济分配来说，也比较合算。对于一些大的机构投资者来说，拿出一部分资产投入母基金，是一种很好的资产配置选择。

在国外，在美国和欧洲，母基金占到了 PE、VC 出资者份额的30%、40% 以上，它在国外是一种比较成熟的资产配置。但是在中国，目前是刚刚起步，大家今天上午听到国创基金，它是中国目前规模最大的一个母基金，但是它的主要出资者是国开行和苏州创投。另外民间有一些比较小的母基金，它的出资者是高净值个人，因为受有限合伙企业制的限制，所以民间的母基金规模比较小，一般情况先是 3 亿到 5 亿，最大的也没有超过 10 亿。

为什么中国出现这样的情况？因为 PE、VC 在中国发展时间比较短，中国人目前的投资观念还不太接受这个母基金产品。因为中国投资者希望能够直接投项目，或者说投基金，希望能够参与基金的决策，他的投资目标，他能够感觉到，他能够触摸到。这是他最希望的。当然一个重要的原因，就是中国的诚信体系还没有完全建立起来，这是一个很关键的问题。所以我们中国的 GP 一定要珍惜自己的荣誉，像珍惜自己的生命一样珍惜自己的荣誉，这样才能获得广大投资者的信任，中国 PE、VC 市场才能健康发展，中国市场也才能真正出现一批有规模、优秀的母基金，这样的话，GP 也不用花很多力气到市场上广泛融资，因为母基金最大的功能，是它将一些比较散的基金集聚成一个大的资金池，然后再投入到各个基金里面。所以，中国的母基金要大规模发展，我认为至少得三五年以后。但是现在这些母基金，要健全我们的管理制度和操作流程，珍惜我们自己在市场上积累的声誉。

母基金在国外，一开始随着 PE、VC 的出现而出现，它必须在市场规模、投资者的文化观念达到一定规模之后才大规模出现。清科为什么做这个母基金？因为清科在 10 多年来，随着中国 VC、PE 的起起伏伏，也经过了一个曲折的发展过程。这个行业的信任就解决了清科集团的信任，所以清科集团非常希望这个行业能够健康发展。很多投资者说想投 PE、VC 业务，但是自己也不太熟，也不太懂，所以你们能不能把这些基金代给我们投。还有很多基金也是我们的会员，如果清科能对这个行业最了解，你们做母基金是最合适的。因为我们自己判断，你要管理好一只母基金，不但要具备良好的投资分析能力，同时要掌握足够的信息，而且还要有良好的机制。清科在这几个方面都具备这个条件，所以我们开始着手筹备母基金。我们希望能够跟广大的 LP 共同来将这个市场做好，为整个行业服务，更好地推动中国 PE、VC 行业的发展。

◁ "2011 中国股权投资基金发展论坛分论坛二" 实录

人民币基金与外币基金的融合与发展

主持人： 熊晓鸽　IDG 资本创始合伙人

嘉　宾： 李　黎　美国佳利律师事务所

陈少东　毕马威华北区金融服务业合伙人

张天笠　新希望产业基金合伙人

周　逵　红杉基金合伙人

熊晓鸽： 大家都从自己的角度谈了一下人民币基金和美元基金的融合。因为现在这个没有融合，都是在谈未来应不应该这么做。有一些事情，退后一步想可能有很多机会错过了。比如说出身的问题，实际上就是一个准入的问题。中国有准入的问题，美国也有准入的问题。我在美国当记者的时候，去美国很多电子公司采访，他就要说你是不是美国的公民？你要不是，就不能进去。

基金现在也是，美国有一些行业也不让外国公司去投。但是有的是可以的，有一些东西是可以让你去投的，但是最好是跟它的东西是融合的。

我就想到上海，大家都知道搞了 20 年，好不容易把迪士尼给弄下来了，据说要投 200 多亿。如果我们弄一个基金，美元的也在里面，中国也投，也不需要200亿，也许100多亿。咱们到美国去买迪士尼的股份，这样的话，我们一定是第一大股东。我就告诉它说，那么你到上海去建啊，快点建。我觉得这种机会也有很多的。另外，谈到食品安全，关系到大家的身体安全，很多人都愿意吃国外的进口食品。中国现在有一个大家都嫉妒的事情，就是中国很有钱，民间有很多钱，国家也有很多钱，这个钱怎么样高效率地用起来。举个例子，上次金融危机的时候，有一个基金可以在国外投，其实最好的办法不是抄国外公司的底，就买腾讯的股票、买百度的股票，一定会很好。现在咱们聪明人不少，但是很多一些制度把自己的手脚给束缚住了。

我认为没有泡沫就没有中国的互联网。大家都说泡沫，如果没有上一次的泡沫，也不可能有今天的新浪、搜狐等等这样的公司。今天的互联网跟那个时候已经不能同日而语了，我们互联网用户是5亿，再加上未来移动互联网，中国的手机差不多有10亿多用户，估计用3G的不到10%，未来两到三年，我认为移动互联网可能会成为一个非常大的市场，是全球最了不起的市场，我们非常看好这个发展。

今天到场的PE合伙人，很多都是留学生为主，在国内学习的PE从业者怎样才能发展成为一个合格的合伙人呢？

我们做投资的，从做VC、PE来讲，很多原来在国外留学，然后回来，可能进入这个行业比较早一点。现在也有很多国内的PE做得非常不错，比如说刘乐飞，他就是在国内做起来的。如果你想进入这个领域，如果在一些银行、保险公司，在投资部工作的话，实际上你对这个投资行业可能有很多学习。不过出来自己要单独做这个事情，你的挑战就不太一样。出来做，你必须要去融资。这活需要一个积累，同时也需要一个团队，一个人做也做不了。这也是一个挑战。如果你想做的话，你本身在从事一个投资业务的时候，很重要的一点把自己本职工作做好，投一些好项目，尤其是自己看好的一些领域，比较喜欢的领域，要做一些深入的研究，同时注意发展一些人，未来可能会成为你的合作伙伴。

目前人民币融资比较难，出现了第三方理财公司和GP合作，介入融资的业务，对此我是这样看的，当然最好不要第三者，因为你要付他的费用很多。现在用一些第三方，也是出于无奈。因为国内出资的机构比较少，不像在国外。在国外出资机构比较多，一个是公司配售的基金比较多，还有慈善基金，还有母基金。另外还有校团基金。目前在中国，学校的基金是比较少的，最多的就是清华、北大能够拿点钱做这个事。别的不存在。在国外是很多的，校园基金比较多。母基金在中国也不多，现在还刚开始建立，现在配售基金还没有企业拿出配售年金给你管理。所以你要从民间个人去融，没有能力，要第三方来做这是不得已的事情。在国外，很好的 GP 管理团队也不需要第三方来做这个事情。

李黎： 美元和人民币放在一个团队里面来管理，然后进行投资，应该是非常有道理的一件事。如果放在两个基金里面，投资人必然会考虑到如果有一个好的项目，你的管理人到底用中国钱投，还是用外国钱投，这里面有一个利益冲突的问题。放在一起固然很好，而且现在中国现行的法规，应该可以做到在中国成立人民币基金。一般来说基金，世界各地通用的是用合伙制。《合伙企业法》前两年在中国已经存在了，另外从 2010 年 3 月 1 日开始，外商投资的合伙企业有关的规定也正式生效。在中国成立一只基金，这个基金里面有中国钱，也有外国钱。这在中国是可以做的。这是在法律层面。

实际操作层面，现在还是有一定的难度。关键的问题在于外汇的钱进来以后，进到基金以后转成人民币结汇的问题，外汇局有规定，如果是外国钱到基金，转了汇以后，目的在于进一步做股权投资，外汇局是不允许你结汇的。近一两年来特别热的一个话题，希望中国政府允许满足一定资格的外国投资者可以把它外国的钱带到中国来结汇。

现在在中央政府这个层次没有这样的规定，上海出台了一个试点，已经拿出一部分钱来，允许基金结汇不能多于 5%，北京据说也要马上出台了。其他像天津、重庆也想出台这个文件。但是你要真的研究起来，QFLP 有两个部分，一个部分是结汇，就是外国的钱进来，外国投资者更希望看到的是所谓的国民待遇，外国钱转成人民币以后，按照中国钱算还是按照外国钱算？如果按照外国钱算，他们认为就没有重大的突破。

现在实际上有一些GP虽然可以结汇，但是他现在不去结汇，到中国来的大基金，它一般在中国有业务，如果1%～5%可以拿出来的话，一旦结汇，他就担心影响家庭出身。

我们现在讲人民币资金，说操作层面上有难处，主要是投境内企业，在国内投资有一定的难度。其实还有一个很好的途径，现在法律操作上起来也有一定的难度，但是我觉得可能是一个趋势。像刚才熊总举的例子，是境外可能有很好的投资项目，现在我们国家也非常非常鼓励中国的企业走出去，在境外投资，拿人民币到境外投资，现在从基金这个层面，如果你想基金得到一揽子的境外投资审批，还是做不到的。今天上午吴晓灵主任讲到修改证券投资法。这个法有一条加进去，可能允许中国这样的基金可以拿到总体的批文到境外去投资，这个可能也是一个将来能够做到的事情。

我觉得热钱引入，刚才讲到人民币基金，外国LP的钱进不来，外汇局的142号文就是针对这个问题，就是防止外面的钱涌入进来，而不作为它支撑的用途可能涌入其他的行业。外汇局在这个方面有很多规定了，外国的钱进来，在中国结汇，做股权投资，困难比较大，跟这个有很大的关系。

陈少东： 在PE这个行业，我们讨论很激烈的是PE的征税究竟怎样来操作？我有一个客户，他一个月之前成立PE的时候，也需要到地方政府跟他们讨论一些税务的安排。我觉得从PE这个行业投资，可喜的是，各个地方政府很支持这个方面的发展。到地方去都可以跟他们讨论各种优惠政策，这些政策是可以确保我们有一个很好的支持。

未来如果把人民币跟美元融合的时候，究竟美元基金属于一个外向投资还是一个本地投资？我们未来投资什么样的企业，也需要考虑这些问题。

最近一年，我们其实也有很多国外客户，希望抓住国际板这个机遇到中国上市。我觉得中国开放股票市场给外资，不但对于外资有好处，对于我们本身也有好处，因为中国的证券市场发展相对海外来讲，没有他们这么长的历史。我们有实力的企业也不像美国、英国这么多。如果能够吸引更多的好的海外企业来中国上市，对中国的资本市场，对于我们作为一个小的投资人来讲，肯定可以有很多选择。

外资对到中国上市很积极，他们也问我他们究竟用什么样的会计准则来上市，因为这个对于他们来讲是很重要的问题。如果中国允许他们用国际会计准则，这是一个相对比较普遍的会计准则，很多一些大的机构，像汇丰银行，可能他们就不需要再进行另外一个审计来满足上市的要求。但是如果监管机构必须要用中国的会计准则来作为申报上市的一个其中的材料，那么他们就需要进行另外三年的审计。最近我们也跟监管机构在谈，他们也持一个很积极的态度，我想国际板的推出，是朝大家比较认可的方向发展，也不需要外商企业因为要准备国际板，然后做很多额外的工作。

张天笠：我们现在先做人民币，后做美元，看这个事情更多是从产业角度来看。农业市场，我们看到更多是用美元投海外的项目，用中国动力来驱动，在这个情况下融美元，能够投向跨境互动合作的项目，这是我们的一个主要方向。因此，在实现的方式上，我们找 LP 也比较多，比如说我们找日本最大的农业商社，我们现在有探讨日本有哪些好的食品，哪些东西可以投，可以拿到中国来。这是一个方面。

另外，因为我们先融了人民币，做了人民币的，前期对于美元投资有一些探讨，所以我们在做这个事情的时候，在产业方向上，一个是上游的高科技、生物科技产业，包括动物物种、植物种子，包括一些农业农药、化肥这些东西，更重要的是我们国家的人均蛋白质消费，现在还远低于平均水平。这样我们国家人均蛋白质消费的增长，后面还有 20 年的稳定成长。这带来几个大问题，一个问题是我们国家的粮食已经不够了，我们已经有了大豆的问题，下一步玉米肯定不足，就是说玉米肯定要进口。我们中国企业要走出去，肯定要找合适的战略合作伙伴。从整个农业的集成化、工业化的角度来说，我们国家农业处于比较初级的阶段，所以后面还有很多先进模式要做。所以这也是我们关注的另外一点。

在这个角度上讲，我们在募集的过程当中，也确实发现了刚才李黎提的那些问题，最重要的一个问题就是出身的问题，因为涉及到一些敏感性的资源产业，因此我们现在美元和人民币也是分开的。我们说如何发展，在法律结构上只能落实到平行这一步，所以还是有一些困难摆在眼前。

我们现在基本上是战略投资方，和这个产业有关系，是实业出资方，大概占到资金的50%左右，其他的就是社会资本，也就是财务组织方。我们还是一个比较均衡的结构。我们作为一个基金，已经在发改委正式备案，是一个按照市场化体制成立运营的基金，但是同时，有实业集团背景的基金和实业集团之间是什么关系，我想可能这是很多人想问的一个问题。

周逵：关于外币与人民币基金融合的问题，我觉得一个是钱能不能进来。我们做投资更多是想这个钱的效率怎么样发挥。刚才提的这种混血的做法，通常是会很美。但是有时候在操作过程中，我举几个例子，比如说你是分批的，人民币给钱给得很快，如果一个企业要钱的时候，你开始走外管，进行换汇，其实美元老是节奏跟不上。因为它不是第一次就把钱全放进来的。刚才谈的投种子，种子是有管制的。但是这笔钱血统是海外的，钱是人民币，它可以投种子吗？还有很多，包括互联网上一些其他的管制方向，是不是可以投呢？如果是这家公司投的，因为国内管外资有一整套体系的，这是几十年沉淀下来的体系，一旦有了外资的话，你自然要符合这套体系的管理，包括我们投的一家企业，它的子公司可能都需要符合正常体系的管理，如果是这样投下去，是不是以后他的儿子、孙子都是要多一道程序？既然有这么多的不确定性，比如说我是外资，你是人民币的话，其实你会发现你跟我绑在一起，就会有很多啰嗦事，不可预见的罗嗦事，你未必喜欢跟我绑在一起。人民币跟美元有两条比较清晰的体系，对于我们来讲，五个美元基金、两个人民币基金，很清楚，他们有各自的程序。如果混在一起，实际上两边可能都有相互的顾虑。几年前我们就考虑过，是不是人民币和美元，我们一起先做公司制，然后能够满足快速投资的需求，但是后来还是放弃了，因为感觉从流程，从源头到最后退出，大家的节拍都是不一样的，大家走的程序都是不一样的，可能会互相牵制。刚才提到 QFLP，我们密切关注，但是往前走这一步还是比较谨慎的。

我们投了一个团购，我们是第一个投资人，你是第一个投资人能够控制价格。为什么大家这么热？它确实解决了本地商品和服务营销的问题，它是一个很好的解决方案，而且这种解决方案又有一个品牌属性，如果谁做得好，它会获得巨大的成功。我觉得估值，是这么多聪明人，从用户到投资人共同的判断组成的。我觉得这就是一个市场行为，这个泡沫实际上是一个过程。到最后会发展成少数领先者会构建他的基础设施，当他获得领先优势之后，他还会演变的。我倒不觉得是泡沫，或者说有一个高估值，相对而言，有一些团购公司毛利不高，就跟我们看到其他的一些公司，新浪最早也不赚钱，它也已经上市了，现在优酷不赚钱，它也上市了。是不是投资人都疯了？其实它跌下来也有几十亿美金的市值，我感觉这是一个过程，我自己总体感觉还是理性的。

博纳是一个电影发行渠道的主体，当然它现在开始往上游、下游在延伸，我们投保利博纳，这是 4 年前的事情。曾经有一段时间看电影的人在减少，因为电视起来，到后来发现，其实按照需求往前瞻性考虑的话，现在看电影的人越来越多，电影的内容越来越多，电影票越来越贵，其实跟消费者的消费行为方式转变是有关系的。保利博纳 2010 年在美国上市了，看来还不错。

我们六个负责人里面，有三个海归，三个土鳖。人民币和美元基金有一点关系，第一个结合点是团队的融合，大家都在本地化。作为土鳖来讲，在这样一个平台上，越来越需要国际视野、国际化。

◀ "2011 中国股权投资基金发展论坛分论坛三" 实录

境内外 LP 交流

主持人：方风雷　厚朴投资董事长、高盛高华证券董事长
嘉　宾：金立群　中国投资有限责任公司监事长
　　　　许宁跃　北京银行副行长
　　　　缪建民　中国人寿资产管理有限公司董事长
　　　　单祥双　中科招商董事长
　　　　苏庆赞　淡马锡控股首席投资官兼高级董事总经理

　　方风雷：过去一年，大家知道中国从政府层面，政策有了一些积极的变化和调整。从最早的《关于国务院进一步做好利用外资工作的意见》到《关于鼓励和引导民间投资发展意见》，都提到要健全创业和股权投资机制，发展股权投资基金，加快股权投资基金的制度建设。这说明股权投资作为一个重要的基金组织形式，已经逐步被政府所理解、接受和认可。鼓励这个行业的发展，解决阻碍行业发展的问题，已经成为政府的政策导向之一。此外，各监管部门也相应做了一些政策调整，目前阻碍国内 PE 市场发展的问题，就是缺少合格的 LP。

　　LP 跟 GP 是鱼水交融般的关系，一起做项目，一起决策。我们在前几年刚开始的时候，还在讨论 GP 和 LP 保持距离美。那个时候因为中国刚开始 LP 投资的时候，说要董事，要股份，要决策权，觉得咱们要分开，有距离才有美，你不要老干预我，到今天我们这个讨论已经发展到，就是说 LP 和 GP 是一个共同体，大家是在一条船上，那么就是一个共同发展，这是更融合的一种处理关系。在座的很多人都有这种体会，从 GP 角度来讲，大家更欢迎比较积极的、有远见的、能够从机构角度来出发的 LP，他们能够带来不同的角度和视野，而且这些人跟你一起做这些决策的时候，你也更有底。另外一种 LP，可能有很多种原因，他们比较懒，不想管，我把钱交给你了，你到时候给我报告就行了。这种管理方式慢慢落后了，因为它不了解实际发展情况。

　　大家知道，商业银行现在不能直接做 PE 投资。现在国家为中小企业发展制定了很多政策，基本上都是在资产负债表的债这一边，无论是从商业银行贷款，还是从小额贷款、投资担保，都是在这一边。从资产负债表另外一边股本来看，缺乏支持，大家如果看一看我们国有企业改革，首先改革是从解决股本金开始的，中小企业股本金不能靠政府，只能靠市场，如果不解决的话，对债的增加也做不到。实际上，中国的商业银行对中小企业承担了太多的社会责任，从全国来看，18%，是全球最高对中小企业贷款，但是中小企业仍然不满足，因为对中小企业股本金支持远远不足。如果商业银行能够和其他的 LP 和 GP 联手，可能对于中小企业发展，要从贷款和加 PE 的模式来解决。按照美国的条例，3%，1500 亿。如果组成一些隔离风险，不直接做 PE，可以做母基金，和行业贷款结合在一起，那样对中国中小企业发展量可能就更大了，更实质了。

　　大家都知道金融创新是金融行业永远的生命力，在市场条件下，投资无定律。PE 从组织形式上，在美国有上市公司，也有没有上市的公司，有控股形式存在的，有公司套基金，也有基金套公司，今天单总还发现了优先合伙人概念。所以这个行业之所以能够保持长盛不衰，创新是很重要的。我觉得他们所说的这一切，也是我们今天 PE 论坛讨论的一个深入的发展，就是我们已经到了一个中国 PE 发展多元化的这样一个阶段。

金立群：今天我们的主题是 GP 跟 LP 之间的关系。我想先讲讲目前我们中国面临的一个总的形势，以及这种趋势对 GP 和 LP 之间关系的影响。

第一，国内经济在这次金融危机中表现很好，也是率先走出了危机。"走出"这个用法不一定很恰当，因为我们经济没有陷入这个状态，当然也出台了一些好政策把经济增长维持下去。往前走，现在对中国市场，根据中国的情况来看，不能两只眼睛只看到国内市场，因为现在中国开放度很高。任何一个投资者，不管是 GP 还是 LP，眼睛要看到国际国内两个市场。

最近美联储第二轮量化宽松，大家知道也引起了国际上很大的反响。第二轮量化宽松，就是所谓的 QE2，到底它会产生什么影响？我看很多讨论，国外的一些专家、经济学家都提到，这个政策是不是一定能够增加就业率？不见得。是不是一定能够有效？大家有很多疑问。能不能把失业率降下来？有人算了一笔账，大概明年做得好能够降 0.2、0.3，有一些根本就没有找工作，他已经完全放弃了。据有的经济学家计算，美国的失业率在 5% 以上。这个量化宽松货币政策，到底能不能刺激经济？大家说可能很难。但是有一点肯定的，美元贬值。美元贬值是不是想把失业输出去，但是输出也不是很容易的，这些情况会对我们的经济产生一个比较大的影响。大家知道他们想实现的目标，日元到 70，欧元到 160，现在差不多实现了。实现以后，美国出口是不是能够很快增长？有一些不确定因素。有人说这个量化宽松政策的结果，大量的资金最后的归属是什么还不清楚。换句话说，这个钱有可能跑到外头去。第一轮的量化宽松，因为钱滞留在银行，所以不起作用。我们再打一针，这一针是刺激美国经济呢，还是跑了？我认为这个因素大家需要注意。我看接下来，由于中国经济的增长势头，北美、欧洲，还有一些新兴国家看好中国市场，流入中国市场的资金，不管是以哪种形式流入，都会非常充裕的。

第二，国内的私募基金资金充裕，而且现在国内随着财富的积累，我认为要寻找这个资金的出路压力也会越来越大。全面来看，中国的 PE

市场有巨大的充裕的资金，也就是说对 GP 造成了一个很大的压力。为什么？就是刚才苏先生讲的，我们如果作为 LP 的话，它一定要有很好的回报。对于 GP 来说，筹集资金不难，但是找好项目不是太容易。

你们可能说 LP 非常挑剔，但是因为有大量的资金，它也不能太挑剔，当然这个对 GP 的压力很大，所以 GP 一定要有很好的回报才能吸引 LP。因此，这是我们下面一个阶段遇到的情况。另外，由于中国 PE 市场有越来越充裕的资金和越来越激烈的竞争，争夺好的项目，其结果不是说 GP 会越来越多，而是可能 GP 会越来越集中，小 GP 就找不到项目，没法生存。这就要看 GP 的本领，这里需要对市场情况的掌握，要很好地了解中国各个行业的一些进展，特别是要了解这些项目单位、企业他们管理人员的整体素质，刚才讲到专业化的水平非常重要，包括公司治理的一些水平。

我想 GP 跟 LP 之间，将来的关系会更加密切。在这种竞争的情况下，你很难指望 LP，我把钱给你了，我到时候向你收钱就行了，不一定，可能 LP 要求参与这个投资的过程，对你情况信息掌握要求更高，我认为这是将来中国 PE 市场面临的一个很大的挑战。我非常欢迎中国 PE 市场发展，因为中国现在基本上资金的运作还是主要通过银行，中国有的是钱，钱并不等于资金，钱不等于资本，钱到资本有一个转化过程，就是需要金融机构的转化。在近期内指望中国的债券市场、中国股市很快发展起来，可能有一定的客观难度，这个 PE 市场其实起了一个非常好的缓冲作用。我认为这是一件好事，当然挑战很强。就投资来讲，如果说投资一定要看 IPO，可能千军万马过独木桥，比较困难，因为从中国改革方向来看，最终也是从审批制到登记制，但是中国很担心一放就乱。大家都是投 Pre-IPO，它风险比较大，可能上不了市，可能现在不一定找 IPO。在这种激烈竞争条件下，还有一些别的出路，我认为跟 GP、LP 之间也会产生影响。我到一些地方做调查，有一些企业家跟我说，我企业发展很快，成倍增长，但是我不想上市，我有我自己的发展方向。如果我把钱给你，又不来管你，行不行？当然更好了。假如说把钱给了你，你发展了，你干吗还要出去？今后对于 LP、GP 之间的关系，它们各方面的策略，我认为需要有一个新的思路，这个就是中国今后既宽阔又有前途，同时又充满挑战的市场。

我感到中国 PE 市场的发展前景非常好，中国 PE 市场发展是在中国特有的经济结构、金融结构的条件下存在和发展的。我认为中国的 PE 市场对中国经济的发展，会有很大的好处，所以前景是广阔的。但是我刚才也讲到，竞争会更加激烈。激烈的竞争并不等于说没有好的项目了，刚才方董事长讲到这个问题，形式多样，我感到如果 GP 在投资的方式上、期限上、种类上有比较宽广的余地的话，我认为这个做起来比较好做。假设今后资金充裕的话，LP 也很充裕，资金也很充裕，那么就有很大的空间长期投资一个项目。这对于国家经济来讲有很大的好处，因为不可能每一个项目三五年就能够拿到回报。刚才缪建民同志也提到了保险，保险这个行业，从现在要投入到基金去，提供资金，跟以前有一个很大的差别。但是它提供的资金也要进行运作的。所以我想一定要有一个新的理念，那么在大量的资金充足的情况下，周转也非常方便，个人有不同的需求，有的不要两三年拿出来，最好百分之十几的时候，我长期放在那儿，以前认为短有两种情况，第一是风险大，我自己财富不多，我比较小心，最后拿到了钱，然后安全放回去。现在不一样了，他有充分的资金调动的余地，这样的话，我感到我们今后要有一种新的思路来进行投资，无论是哪种方式。我总是感到 Pre–IPO 的投资，这个市场还是非常拥挤，一年有多少排队上市的，不见得每个人都有这样的机会，可能压力会越来越大。所以作为 GP 来说，要有很多新的想法。LP 的要求也很高，现在 GP 对 LP 也有很高的要求，双方的要求都很高，这就需要我们有新的一些思路、新的一些理念。谢谢各位。

许宁跃：北京银行作为一家股份制的商业银行，近几年随着市场变化，也是积极参与到 PE 这样一个合作中来。为了便于大家了解北京银行，我简单把北京银行情况介绍一下。北京银行成立 15 年，总资产达到 7000 亿，我们在北京以外，在天津、上海、西安、深圳、杭州、长沙、南京、济南建立了八家分行，南昌分行也在积极筹建过程中。我们作为一家中小银行也在积极探讨怎么跟 PE 合作。我们注意到监管机构不允许商业银行直接投资 PE，但是已经从三个方面在合作了。

第一个方面，我们积极跟 PE 基金在做全方位上下游的合作，比如说，我们现在跟弘毅投资、联想投资、启迪创投基金已经在合作过程中，通过这些合作，尤其在上下游，我们给它提供了一种非常好的服务。

从银行来看，间接融资相对还是廉价的，无论是从私募基金还是从风投来看，在企业初创期和以后它的回报是成正相关的。作为银行来看，也是按照银行的固定利率回报，在这个过程中，它很好地来帮助我们理解我们跟 PE 之间是一个上下游合作的伙伴。另外，现在中小企业市场是我们一个主打的市场。我们在中小企业有将近 7.5 万个客户，在这些客户里面，我们主要是在科技、文化创意以及生物医药这些新行业，这些行业恰恰是现在 PE 非常关注的领域，无论是从中小板还是创业板，PE 都关注很多，北京银行在这个过程中，在上市以前给予它资金支持。这是第一个方面。

第二个方面，北京银行的间接融资，可以给创业企业在不同阶段提供一揽子的金融服务，像我们支持的华谊兄弟，还有探路者这些已经上市的企业，从我们的经验来看，在急需要上市以前得到的资金，北京银行给了他更多的支持。这些产品可以由传统的来贷款，当他 IPO 以后，我们也可以跟进一揽子的，比如说像短融、中票、现金管理以及我们的一些并购贷款。现在这些企业发展以后，它自身也要做一些行业的并购。我们北京银行在这个方面应该说做得还是非常不错的。

第三，我们的个人客户将近有 1000 万个，高端客户将近 1 万个，这 1 万人，除了其他投资以外，他愿意投资在股权基金方面，这方面我们合作非常好，我们现在和 90 多家私募基金在合作，他们经常小范围地到我们行对这些高端客户做短期的培训。通过培训以后，发行了这样一些基金，单个体将近在 200 万以上发一股。所以我想北京银行无论是跟基金的合作，跟中小企业上下游的合作，还是高端客人，我们个人财富理财这方面的合作，发展的前途还是很大的。北京银行对和 PE 的合作充满了信心，我们现在也加入了北京股权投资基金协会，成为它的会员，我们会通过这样一个机会，跟在座的各基金公司、投资公司、保险公司加强合作。今天我们投资银行部的团队也在现场，如果有需要我们北京银行做金融和一揽子服务的，我们也愿意为大家提供这方面的服务，我们愿意和大家一起共同成长，来分享我们 PE 市场改革所带来的这样一个成果。谢谢。

缪建民：保险资金跟 PE 为什么会发生联系，因为总体上来讲，私募基金是一个比较长的时间跨度，比如说五年以上，它整体上的收益率能够战胜公开市场基准的。比如说美国市场上，前四分之一的私募基金，整体上业绩表现非常好，当然私募基金之间分化比较严重。排在前四分之一的，它整体上大大地战胜了公开市场基准。所以，把一部分资金投资到 PE，是可以创造超额收益的。

私募基金总体上投资周期比较长，三到五年，甚至于更长。这跟保险资金的资金有关系，特别是寿险。像传统险，它是 10 年、20 年，甚至于终身的。所以保险资金需要寻找一些周期比较长的资产来与它的负债匹配。从这两个条件来看，PE 跟保险资金，在一定程度上是可以匹配的。国外保险机构，像美国，它对另类投资的比例是比较高的，高一点，甚至于达到 20%。当然另类投资里面，私募基金仅仅是其中一类。

我国保险行业跟私募基金的联系，其实比较早，早期是私募基金投资到保险企业，比如说高盛、摩根士丹利，它投资到平安，应该说这个是比较成功的案例。凯雷投到太平洋保险，这也是非常成功的案例。到目前为止，私募基金投资到保险企业的，都是赚钱的，没有亏钱的。保险资金投资到私募基金，这两年才刚刚开始，因为保险资金运用，它经历了一个曲折的过程。1995 年旧的保险法出台之前，保险企业投资范围很广，投了很多非上市股权，其实类似于自己在搞 PE。1995 年保险法出来以后，只能买国债等等，所以大多数投资就停了。到最近新的保险法出来以后，投资范围进一步拓宽了，除了传统的金融投资以外，现在可以投资非上市的股权投资，非上市股权投资相当一部分就是 PE，还有不动产投资、境外投资，投资渠道就大大地拓宽了。在此之前，经过行业部门的特批，保险行业也投了一些私募股权，非上市股权。比如说中国人寿跟其他几家银行一起投了渤海产业基金，我们自己经过批准也投了一些非上市股权投资。实际上它的运作机理跟私募大致上一样。

国内私募基金发展历史总体上比较短，特别是人民币基金，早期是风投，后来是外汇基金，但是我们赶上的时机不是特别好，正当我们要大展拳脚的时候，美国有了限制。现在从金融危机以后，它变成系统性风险的一个重要原则。金融机构不能做自营业务，也不能投资到对冲基金和私募基金，只能把一级资本的权益资本投到 GP，只能管别人的钱，不自己投。这个对于我们金融行业下一步的投资会有一定的影响。

比如说现在整个保险行业总资产大概 5 万亿，理论上讲，5% 可以投资到非上市股权里面，包括一部分可以到私募股权基金，这个私募股权基金，它不允许投资到 GP，只能作为 LP 来投资到有专业的管理团队，已经在业界成功地做了几个退出项目的非上市股权里面，所以实际上有一定的限制。从我们这两年自己的体会来讲，就像刚才金部长讲的，流动性充裕，对于私募基金来讲，我自己感觉是钱多，专业人才少，优秀项目少，所以这也是一个竞争性很强的一个领域。对于保险企业来讲，下一步怎样把保监会这个政策用好，非常重要。实际上保险企业自身也要建立一个团队，至少能够评估市场上现在的那些 GP，哪些是好的，哪些是稍微差一点的。因为现在在市场上募集资金的私募基金非常多，但是从业绩和投资的情况来看，分化也是非常严重。做得好的，可能圈子里基本上都认识，但是募集资金的人很多，你经常会接到电话。对于我们来讲，第一，你要评估。第二，你要控制风险。保险资金有它自身的特点，跟其他不一样，我们的负债是有成本的。所以我们的投资，首先要覆盖成本。在覆盖成本的基础上，最好要能够创造超额收益。对于保险企业来讲，下一步需要有自己的团队来评估这些基金，了解这些市场，这样的话，我觉得保险企业在新的政策下，可以为私募基金的发展做一点贡献。当然，LP 跟 GP 之间的关系，这是今天下午讨论的一个重点，不同的 LP 跟不同的 GP 之间的关系不一样。我们以前参与 LP 的时候，比如说到欧洲去募集，很多是个人的钱，他可能对机构投资者，对私募股权基金的期望和要求是不一样的。大的金融机构跟私人投资要求肯定不一样，不能一概而论。总的来讲，我觉得要防范风险，提升收益，然后有好的治理结构，对于经济周期有深刻的认识。因为经济周期带来的风险是没有人能够防御的。同时对行业也要有深刻的认识，如果行业处于下坡路，再好的团队也不能防范风险。比如说像胶卷行业，在进入数码时代以后，胶卷做得再好的都不行。另外财务风险，作为机构投资者可以对GP有所贡献的。所以我觉得不能简单地讲LP影响GP，或者是GP对LP提的意见，觉得干预多了，我觉得这是一个互补的过程，因为作为一个投资者，他肯定希望降低风险，提高收益，他们的利益是一致的。在两者关系方面并不是很复杂。

作为GP，需要有一个好的治理结构，作为LP要有一个长期投资的理念。因为我们中国人有的时候投资眼光容易放得比较短。这方面作为机构投资者比较好，其实我们希望一些长的项目来投，不要都是短的。所以可能LP跟GP之间的关系，在不同的投资者之间，差距也是比较大的。我觉得需要不断地探索。

单祥双：作为本土专门做人民币基金的，应该说中科招商是最早的。但是，就像金部长刚才说的，现在PE行业在中国，在本土市场蓬勃发展，它已经变成了一个大行业了。为什么说它变成了一个大行业了？PE基金不光是在北京、上海、深圳一线城市做，现在连二线城市，县里面，甚至在江苏的农村都成立了PE基金。这里我也跟大家披露一下，在江苏的一个农村，中国招商在上半年成立了首期到位资金7.5亿的PE基金。这个乡镇为什么做PE基金？镇委书记跟我讲，主要原因有几点：

第一点，我们原来是搞农业的，一改革开放搞工业，我们搞出三家上市公司，产值上来了，区域财富也上来了，但是我再搞发现有问题了，没有资源了，没有空间了。然后传统工业又要转型升级，在这个时候怎么办？我后来跟他们讲，第三阶段应该叫资本周庄。区域经济发展到今天这个阶段，中国尤其是沿海发达地区应该进入经营资本阶段了，我们经济发展到这个过程中的必然需求，社会的沉淀资金并没有转化为创新性资本，怎么转化为新兴资本，要把沉淀资金引领出来转化为新兴资本的工具和平台，就是基金。这个理念接受以后，周庄要求我发第三期基金了，现在项目已经开始陆续要上市了。像这样的村镇，在中国千千万万，你就想中国的 PE 市场有多大。这是第一个体会。

第二，我是 GP，我是管理别人钱的。我管理的资金，像方总刚才讲的主体资金全是民营企业家，全是富有的个人。这些人他是怎么考核我的、关注我的？因为这些人跟我见面，他说你别给我讲那么多，别给我把你这个东西搞得学术化，也别搞理想化、复杂化，我就想简单了解几个东西，然后决定我这个钱给不给你。我问他，我说哪几个东西？第一点，你今年、去年投了哪些项目告诉我。这些项目里你是牵头投资还是跟投？如果是牵头投资，哪些机构跟你一起投资的？他说第一点看这个。第二点，你投的项目，你今年有哪些企业上市了？上市了多少家？第三点，你现在手里储备的项目是哪些？这个基金设立了，我们投哪些项目？三个问题回答完了，我跟这些投资人见面超不过半个小时。我最近到江苏一个村庄，LP 选中国招商，中国招商也进入了选 LP、选投资人的阶段了。我们在市场上发的基金门槛比同类公司高得多。还有一个文化门槛，你不能光有钱，光钱跟我们的对话理念不相通也不行。我刚才跟金部长讲，光江苏地区，我们到位资金超过 50 亿，全国的基金到位资金，当年到位资金超过 100 多个亿。我可以肯定地说，2011 年肯定超过 200 亿，这是毫无疑问的。2010 年项目投资，我们 1 到 10 月份投了 50 多个项目，投出资金 60 多亿。上市企业，到现在有 9 家上市了，到全年我保守估计 10 多家。

投资人作为 LP 来讲，实际上它很简单，它就是让 GP 用事实说话，我们在江苏的基金，一只基金投 8 亿，2011 年有 7 个上市的，有一个投砸了，我们 10% 收回来了，那些投资人的回报是变成 10 倍到 15 倍的预期回报。我那天跟他们开玩笑，我们现在的 LP，比我们员工都爱中科招商。为什么？他特别关心我们，感情特别好，到了这个阶段了。

另外，我们怎样跟民营企业家和谐共处，让他参与，让他多参与，无非决策的时候，我们设的所有基金，要求大的投资人，前四位要出任投资决策委员会委员，你对这个项目不看好，我可以放弃，他总得知道投了什么项目。这种安排，中科招商自始至终的安排，使得我们跟投资人很和谐。

第三点，我们做基金，必须要知道这个问题，就是怎样与区域经济共成长，怎样支持区域经济转型升级和调整。在中国做PE，做基金，如果赢得不了政府支持，你就赢得不了企业支持，赢得不了企业支持，你就赢得不了项目的支持，也就是说你在一定程度上必须站在区域经济发展角度上来考量，站到政府角度上来考量。7.5亿的资金，我们半年就投完了，投完了之后，三年估计连本带利就收回来了，20%税收留在周庄，等于周庄办了多大一个工厂，而且给当地经济社会财富总量增多了，当地周庄资本这么一个纽带，分享了全国各地区优质项目的收益，用资本这个纽带，把周庄的资源延伸了。它可以投到全国其他地区，用其他地区的土地、人力资源、原材料资源。同时在当地设这个基金，面对面培育当地的企业，支持它成为上市公司，比如说周庄，我们最近又投一个周庄本地企业。

所以，我感觉到做这么多年的一个基本体会，就是要想在中国把PE做好做大，要把赚钱放到第二位，把推动区域经济发展，为股东创造价值放到第一位。这是我的一点体会。谢谢大家。

问：对PE的多元化方向发展有什么意见、建议？

我是高度赞成PE要多元化。为什么要赞成PE多元化？首先从投资人角度来讲，不同的投资人需求不一样，有的追求长期稳健的收益，有的追求高收益投资。对于项目也不一样，有的项目追求上市，有的项目是通过并购转让的，有的项目是希望能够长线持有的。具体到中科招商，我们的基金主要有两种。一种是一直以来做的公司型基金。就是把它做成一个投资公司，然后投资公司委托管理公司进行管理。公司型基金，这种品种最大的优点是什么？就是让投资人更多地参与和主导这个基金的运作，而不是把投资人排斥在外面。投资人在基金决策当中拥有否决权。这是优点之一。优点二，公司型基金调动了地方政府的积极性，等于你把根扎到地方来了，把税收交到地方来了。第三点，公司型基金一定是伴随着当地要建立一个团队，它跟合伙制基金不一样，公司型基金，比如说在周庄设基金，我一定要在周庄成立一个团队。政府也好，投资人也好，他希望天天能够跟你沟通，天天能够跟你交流，天天能够把好的项目及时提供给你，天天来研究下面的企业怎么上市。这是公司型基金的好处。这也解释了为什么在中国，90%的基金全是公司型的。

不好的是什么？就是GP这块。公司型基金对GP的挑战非常大。因为他参与决策，他可以问很多专业问题，他也可能问很多很不专业的问题，你都要应对。你要能够说服他理解这个东西，这是一个培训和教育的过程。换句话说，这种公司型基金增加了GP的工作量。这是它不好的一面。但是如果这段工作做好了，他会成为你忠实的LP，成为你真正的朋友。

还有一种基金模式，我们现在做得比较多的就是项目型基金。就是一个大项目来了，一投十几个亿、几十亿，任何一个基金直接吃下来，都是不大现实的，因为基金讲组合投资，分散风险，所以我们会结合这个项目做专项基金，然后请我们基金优先认购。中科招商做的项目型基金也不少。关于基金品种，我建议的是这种多元化。在GP这块，我也建议刚才方总讲的，也要多元化，不要一成不变。国际上GP讲合伙制，比如说我们几个人，做成合伙人。其他人再进来就很难了，比我们优秀的人再进来，要得到大家的同意也很难。这样合伙制的局限性，机构做不大，扩张性不强，容易做成一个小型的保护主义的这么一个圈子。而中科招商，我们是典型的管理公司制，包括一些大的企业家是管理公司的股东，这些大企业家自己拿真金白银入到管理公司来，他们既要入钱，同时也要入资源，他们还要入知识和智慧。大家会问一个问题，这种合伙制，你团队的利益怎么体现？在这里我跟大家披露一下，为什么中科招商这几年发展得比较快？合伙人至少是五六十个了，而且每年都翻番，因为我实行一个新办法，叫优先合伙人这种制度安排，什么叫优先合伙人，我们做投资的，这些投资主管，投资经理，和我们做基金的，到了中科招商，只要他具备我们的条件和素质，可以聘他为优先合伙人。第一点，优先分配利益。比如我们做项目，项目做成以后，先把20%给到这个人，他优先分得这个收益。它跟优先股还不完全一样，他是优先分配权，他优先分配完了，我们这些普通合伙人，打掉成本再分配，最后单个项目拿到的利益远远不如他多。这样解释了这些人现在不愿意到中科招商做普通合伙人，他愿意做优先合伙人。中科招商一批做投资、做基金的优先合伙人，他们取得了丰厚的回报。他就算一个基本账，我到你这儿算优先合伙人，我到其他地方做普通合伙人，我到别的家，几个合伙人都讨论，都管理，这个比较麻烦，因为中科招商有 10 年积累，有这个平台支持他，他利用这个平台就可以了，带一个助理满天飞。

从投资来讲，我在做三种投资，一种投资就是 VC，就是针对创业板上市为主体的投资。第二种，我们叫 PE 投资。第三种投资，叫并购。现在 VC 投资、PE 投资、并购，中科招商做得比较多的是前两项，并购投资我们从 2011 年要展开。

苏庆赞： 从市场的前景来看，不论是东方还是西方的 LP，我们都希望实现两个目标或者说两方面。第一方面就是业绩。每个 LP 都希望 GP 和他们投资的基金有业绩，这当然是投资最基础的一点。第二方面，因为在亚洲，PE 还是一个新兴行业，就是职业性、专业性。专业性是至关重要的。因为 LP 不像 GP 那样有日常的工作，每天都会在一起。所以对 LP 来说，它要决定支持哪只基金，哪只基金支持的力度大一些，哪些基金想等一等，看一看业绩如何再决定投资。

从我个人对中国的观察来看，中国的 LP 有一个特殊的优势，就是对当地市场丰富的经验，还有本国 LP 对于中国的关系网络，这有利于他们更好地选择与之合作的 GP。国内 LP 还有一个优势，就是风险评估方面比外资有优势，他们还可以在国内现场监督，和国外的 LP 比起来，他们更本地化，外资 LP 只是能有限地来访问中国。

另外国内 LP 还有一个优势，就是可以建设性的提供建议，包括帮助 GP 提供一些有附加值的意见。对我们国内的 LP 来说，我们在中国待的时间比较长一些。我们从 2003 年开始在国内就比较活跃，在国内有投资，这包括有直接投资，也包括通过基金进行投资。对于国外 LP 来说，最重要的就是要了解本地的 GP 的能力。我们都知道中国的 PE 行业还比较年轻，所以国外的 LP 有的时候通过国外的 GP 进行投资，因为国外 GP 在中国市场还有一些资产。

对我们而言，我们也考虑刚起步的 GP，毕竟这是一个新行业，而且发展很快，专业人员还是有限。我也听说国内有100多只基金，当然这些基金发展状态都不平衡。2004 年我个人就认识到我们一定要勇于承担一些风险，承担一些风险才能进入这一行业，为了实现这一目标，我也资助或者是部分资助了一些刚起步，就是第一次做的基金。这几只基金的业绩远远超出了我的想象。所以，你要有这种能力能够识别这样的专业人员。这也是我们要做的一些事情，要花点时间，要找到合适的经理人，一旦决定了之后，全力支持他们。总结一下，这几分钟的时间我想强调机构能力，这种机构能力的发展在中国市场上会继续，这也是 LP 希望看到的趋势。国内外的 LP 都希望看到国内 PE 市场上这种机构能力得到加强。

另外还有管制机构、可持续性。最后一点也是很重要的一点，就是合伙人的这种机制。这对 GP 团队也是一个挑战，这包括薪酬架构的设计。我也知道中国 PE 在积极地继承学习很多外国的做法，但是我预期很快中国自己会成为一种驱动力，会推动一些变化，会领导这个市场，带领整个 PE 行业的发展，中国国土面积很大，很年轻，充满活力，而且不断地在发展变化。

最后两点我想强调，所有 LP 都重视这种职业性，没有业绩是不可行的，必须要有业绩。

中国的 PE 行业肯定会继续发展。GP 有他们自己的一套行为方式，GP 应该除了业绩之外，还重视整个 PE 行业的人才发展，形成整个行业承前启后的创新发展。

国内外 GP 管理经验分享

主持人： 赵令欢　弘毅投资总裁

嘉　宾： 郭子德　新天域资本董事总经理

吴尚志　鼎晖投资董事长

衣锡群　博威资本主席

刘海峰　KKR 全球合伙人、大中华区总裁

梁锦松　黑石投资大中华区主席

马雪征　TPG 中国区董事总经理兼合伙人

Alberto G. Forchielli　曼达林基金管理公司创始人

赵令欢： 2008 年开始的金融危机，后来引发全球经济衰退，实际上引发了所有人对今后世界是怎么样进行了重新的审视跟思考，现在这个事还没有结束，大部分问题越来越清晰，大部分问题清晰的答案被探求之中，我在考虑这些问题的时候，觉得从世界到中国，关键词是确定和不确定。比如全球来说，比较确定的事情是由于这次经济危机或者金融危机引起的世界衰退，我们知道新的世界格局跟老的格局是不一样的，老的格局是不会再延续的，而在新的格局里面同样比较确定的是发展中

国家，像中国、印度这样的国家会起到前所未有的作用；但不确定的是，我们并不知道这个格局是什么，刚刚结束的 G20 仍然作为一个例子进行这方面的考证。

中国也是一样，这次金融危机引发了我们关于可持续发展的讨论，现在大家确切知道过去的模式不可以延续，好比说我们这么大的国家发展这么快，过去对出口依赖性这么大，大家已经确定说以后我们要发展内需。所以过去经济结构不可持续，必须由新的结构取而代之，这个确定了，但是不确定是什么样的结构、什么样的时间加以取代，所以世界和中国都在确定和不确定中动荡，这样对我们大家也都是等同的机会。

我们在座大多数人是 2000 年以后开始做的，我们有一个基本观察，就是到了现在，我们对中国的发展依然有一个高的重视。我们经过十来年的努力，也有越来越本土化的从业队伍，我们中国 PE 行业起步晚，但发展速度还是很快的，真正让我们心旷神怡的还是今后的空间相当大。

弘毅跟鼎晖一样也是既做美元又做人民币，当时也是抱着国家允许我们就赶快做这么一个念头做的，但是做了以后就发现很多问题，我们也发现这是相互支持相互辅助的事情，我想补充一点，实际上要从我们做什么事角度上来讲，我们认为人民币是一个短暂的现象，跟币种没有关系的，但是现在有人民币外币区别的时候，你得好好管理它，不管有多少不舒服的地方，这种利益冲突是很难管的，我们特别不希望被放到那个位置管这些事，但是你必须管，这里面也没有特别好的办法，只有一个办法，就是完全透明，完全跟相关各方，你的出资人还有监管部门说明，我们需要这么做，为什么这么做，得到大家的认可。

但是最终我们是投资中国公司的股权，这个是什么意思？除了股权值多少钱这么一个现象之外，最根本是企业大了强了，这些大了强了的公司都势必要走向国际，当他们走向国际的时候，如果在他们成长过程中，有外国资金的介入，对他们更好地融入世界是有相当大的支持的，这些事情在我们这里已经做了很多案例，已经不断在验证了，所以我们十分坚信，在中国做 PE，人民币也好，美元也罢，只是工具和现象，实际上是把带着资源的资本投入有需要的企业，如果我们主要企业是大企业，他们都需要中国以外的资源，所以我觉得最终是按这样的途径走。

从企业的角度，除了你觉得这次融资要少给股多拿钱之外，可能还要考虑这是为什么？你能不能把你的企业做得很长很久，然后再做大做强，这也是需要思考的，现在大家都想上市之后挣多少钱，很少有人跟踪这个企业，研究他拿到钱之后的兴衰，所以企业家应该思考，你找的是伙伴，钱只是媒介。

吴尚志： 我们做这个行业有什么优势？能做什么贡献？在这中间能给我们投资人创造什么样的机会呢？我觉得我们有两个事，一个是我们拿到的钱是非常长期的，这个长期的钱是可以挺过这个时期的，你可以想得比较远，你想得比较远的话，中国机会是全世界最好的。原因有几点，第一，个大。第二，它还在长，而且有的行业可能以前赚了很多钱，增长很快，现在平缓下来了，但是新的行业又出来了，而且每一个行业里都有可能成为国际规模的公司。第三，每个行业还是很分散。我们工业集中度还远远不够，所以这些后来者还有变革的机会，还有创造的机会。如果你投了行业里的领袖，他还可以拿更多市场份额收购、兼并，这些机会是非常好的。

另一方面，我觉得最近出现的这些事情，货币比较多，钱多了有两个事。第一，如果你不投资放在银行里就不行了，所以必须要投资，这是一个总体需求。第二，因为自己专业不够，就得要人管。这两件事对我们行业都是很大的事。所以既有长远投资的机会，也有资源有钱给你管，我觉得经过这一年，只要看得很长远，中国的机会会很多。

原来我们做得最多的是消费品。消费品我们还是认为跟内需相关，中国人多，每一个人加起来力量很强大。当然，如果你说有一个行业是供不应求，不管是总量还是细分市场，都不满足要求，就是医疗行业。当然这里面还有很多问题，在这个事情上我们觉得应该有一个长远的眼光。

两年前，我在实操之前并没有认识到这是对两家都有好处的事，但是确实是不错，第一条，是不是把本来做美元的项目做人民币，没有，我们投了人民币资金八个项目，这些项目美元都做不了，并没有从美元机会里拿走。就剩下一个问题，你有没有足够力量、资源把两件事都做好，这件事 LP 是有决定权的。所以我完全同意，这个事情其实当时在做的时候基本是能想到的，但是没想到的实践证明有好处。

有的时候外资来了，这个事更适合美元做但他不知道，经过跟你的团队一谈，这个拿美元做更好。这个都是实实在在出现的，所以说对两方都有利。但是潜在的还是有利益冲突，所以说沟通是非常重要的，人民币也好，美元也好，都需要沟通，所以办法就是沟通透明。

关于会不会只做人民币基金，不做外币基金？我认为不会。我们有一百个国际机构，跟这些人建立的关系都是很长期的，它有一个信任，我们拿人家的钱是一个长期的责任。我们认为中国最终是要融入国际社会的，我们今天金融行业开放程度比其他行业慢一点，但是慢慢在开放，我们将来也有走出去的机会，我们有可能到别的国家做事情，这些国际投资人，在我们国内人当中还有一段时间，我们机构投资人还在熟悉资产练习，所以我觉得从 GP 的角度，不管是国际投资人还是国内投资人，他有一个机会，你作为管理人，应该在属于他的机会里把他的利益最大化，保持跟他的沟通，全力以赴地跟他交流你为什么这么做，我觉得这些人都是很理性的，他明白你是为他的长期利益服务的。我觉得这一点对大家都是一样的，不能因为短期事情伤害了长期利益。

我想这是一个长期的事，当然我们不排除短期，这些周期，比如最近股票市场热闹，我们就有很多上市的，但是最主要的我觉得还是要有一个冷静的头脑，你投资的时候要想得很长远，要审慎地投资，我觉得这是一个长期的想法。

衣锡群：半年以前我是一个国企的总裁，我跟基金的联系可以分成两个阶段，一个是我离开北控的第一个阶段，我们跟香港一个公司共同成立一个基金，完成了三个项目的投资，根据一些评估机构很保守的估计，他的年回报率应该超过四成，我离开北控集团也离开基金，这个基金投资期就结束了。这是第一个阶段的接触。离开北控以后，我现在是在北京市股权发展投资基金担任董事长，这个基金是引导基金，最终融资额要达到 100 亿，现在处在第一个 50 亿，已经和凯雷、IDG 建立了联系。这是我跟基金的联系。

第一，关于中国能否保持经济高速增长。我认为可能没有其他选择，因为经济增长已经让大家分享到增长带来的福祉，无需说更多的话了，所以中国政府会竭力地利用它的意志，利用它配制资源的能力，利用它的动员力来保持经济的增长。当然经过很多经验教训以后，我们不得不承认它在管理经验，配置资源的技巧方面，在市场化运营方面也有长足的发展。其实我们希望这样的过程重复多了以后，形成路径依赖，这种依赖可能在他们不自觉的状态下给他们带到一个新的境界。我们期待是这样。但是毕竟还有很多因素是超过了主观意志控制的。所以我觉得中国经济的发展，从当局来说是非常希望经济能够持续的，甚至越来越科学、理性地发展，但是我们应该看到很多经济生活中出现的现象，已经超出他们的认知，他们的能力，他们的经验，所以我觉得今后一段经济能不能发展，也取决于他们能不能很好地弥补缺憾。

第二，关于人民币基金和外币基金的协调。我觉得这个现象是历史现象，历史现象就是有开始也有终结，不应该是一个常态，这是在我们外汇管理，还有人民币计划的初期，以及我们对于外资还没有充分实行国民待遇的这样一个特定的历史条件下观察到的一个现象。我因为本身是引导基金的董事长，所以我经常问愿意跟我们合作的外资基金，我说你怎么跟 LP 解释，你们在照顾他们利益的同时，又要顾及人民币基金。他们说开始是费了一些口舌，因为有 LP 就质疑，你们怎么可能同时管理另外一些 LP 委托给你的资金，那你们时间精力会不会像以前一样完全专注在我们资金上呢？后来他们的解释被 LP 所接受，实际上一个同样的组合，既管理外币基金又管理人民币基金，其实是增加了发现价值的机会，增加了投资机会，总体上对境外的 LP 利益是有利的。

第三，关于 PE 中应当注意的问题。任何一个经理人都有投资偏好，我觉得在当前不确定性没有结束，表现比较动荡，而且成为常态的特点下，投资宁可多注意点长周期，甚至非周期的短线领域。北控最近几年做得比较成功的案例就是水务，但是当初我们收购这家公司的时候争议非常大，因为当时给北控的定位是燃气为核心的公共事业部，但是今天我觉得你很少能找到一个产业或者行业像水一样，尽管它的定价会充分市场化，但是人们已经愿意用它未来成长预期的折线来确定它现在的价钱。

梁锦松：黑石是全球比较大的资产管理公司，全球管的资产有1200亿美元。在中国我们是后来者，2007年才过来的，现在在中国投了大概超过10亿美元以上。我们在中国以及全球关注的行业都比较多，基本上每一个行业都做。而且我们也是投房地产比较大的全球基金之一。在中国或者全球我们还有其他的业务，包括对冲基金也是全球最大，我们也做财务顾问的工作，所以在中国现在所有部门都在开展工作，我也在每个部门跟他们一起合作。

现在全球都在谈美国所谓量化宽松对美国经济有什么效果，对新兴市场包括中国有什么影响？这个大的趋势在全球、在中国有什么机会？这个的确是比较热门的话题，我先讲我自己的看法，再讲讲对这些做法有什么评估。

所有发展中国家，从3000美元到8000美元人均GDP是发展最快的，中国现在还没有8000，应该有5000，所以未来几年发展肯定是非常好的。另外我们人口还没有到底，所以到8000美元之前，我觉得这个增长应该是毫无疑问的。然后从8000到1万可能要一些体制的改革，之后可能要慢下来。中国还没有到，所以中国发展肯定很好，但是也有不少的挑战，包括全球资源够不够？全球形势有没有利？当然总的来说是看好，看好并不代表没有波动性。那么怎么把握这个时间？我们做PE是长期投资者，看时间高就卖，我们一般是看，退出的时候用一个市场的周期来行动，这样就行了，最重要是你投进去以后能不能给它增值。中国肯定看好，但是中国也避免不了受国外的影响。美国新一轮的改革能不能把这个推到很好的阶段？我自己是怀疑的，量化宽松唯一可以达到的，就是美国人民借债的话，债务比较轻而已，但是能不能推动或者刺激个人跟企业的消费和投资，我个人是怀疑的。因为美国人清楚，你要背这样的债，最后还是要还的，而且如果你放在银行里的钱没有利息的话，你反而更不敢消费了，因为你放的是本金，而不是收益。

所以美国应该做的可能就是两件事，第一件事就是花钱投资基础建设和教育，因为这个是可以提高生产力的。第二就是尽量保持一个开放的贸易和投资的环境，在这个方面我觉得美国还可以多做，包括接受各种投资，接受不同的国家投资到美国，这样经济才可以更好的复苏。如果外围的环境不好，但是外围的环境是很多钱的时候，先不要说通货膨胀的影响，更主要的是很容易出现贸易纠纷，甚至是保护主义。所以反过来如果投的话，在中国我们比较看好就是内需，比较小心的就是依赖出口的行业。

其实中国作为经济大国，应该有自己的经济结构支撑整个国家的需要，支持中国企业向外扩张，所以从这个角度讲，中国应该有不同的金融机构，包括我们银行都是比较大的银行了，我也希望我们能有比较大的投行可以跟高盛、摩根士丹利竞争，包括我也希望你们能有一两家基金公司可以跟黑石来竞争，这个是自然的。但是他们也很聪明，我一开始参加黑石的时候，北京的朋友已经说了，你们能够带来很多不同的价值，包括在提高公司治理、提高公司管治上的能力，在各个行业都有很深刻的认识跟不同的能力。既可以把国外品牌带过来，同时也帮助中国企业走出去，黑石集团都可以帮助大家，但是中国不缺的就是资金，所以北京朋友建议我们不如来中国做人民币基金，我们已经在中国宣布成立第一家人民币基金。我们人民币基金跟你们的人民币基金理论上是一样的，但是从某个角度来讲，外资到底能不能达到国民待遇，我们自己心里有数。但是中国还是欢迎我们在中国投资，为的不是我们的资金，而是我们带来的管理的技术经验，这个我是乐观的。

同样的外币基金在中国也是可以有不小的发展空间的，我们人民币基金跟境外基金有什么冲突？到现在为止，我们看的所谓机会，所谓管道，其实是很不一样的，很多人民币基金能投的，外币基金不一定敢进去，同时境外也有一些机会，所以到现在为止，我自己看这两个是相辅相成的两个基金，这个情况到什么时候没有了呢？到人民币可以完全自由兑换，但是现在这个环境内，人民币短期内不能这样，因为这是我们国家进行经济掌控很重要的手段。

中国绝大部分的 PE 投资都不是控制型的，都是投进去当小股东，所以一般的财务杠杆在中国用不上。但是在中国也好，国外也好，下一阶段的 PE 最重要就是所谓增值，所以做 PE 投资不仅是掌握市场周期，在最低价买进，高价卖出这是不对的，我们一般财务模型都是五年退出，所以在这样长的周期最终决定投进去的时候，要看有没有增值潜力，如果没有增值潜力，一般我们是不投的。

马雪征： TPG 最早在十几年前就进入中国市场了，当时是以一个合作伙伴的形式进入，叫新侨。TPG 在全球管理的资产规模加一起大概是 700 亿美元左右。在中国从事股权投资差不多十几年历史，我们 1994、1995 年就进入中国，投了不少项目，体会也蛮深刻。我们主要投的领域目前在中国除了房地产没有做以外，其他股权我们都有一些投资，是比较典型的美国的大型股权投资基金。

刚才梁先生提到宽松的政策，2010 年下半年我们确实看见美国的所谓杠杆贷款有一些在回来，这当然也是给大家一个问号，也是一个期望，就是下一步会不会再次掀起 PE 活跃的机会，所谓私募基金就是杠杆，你没有杠杆活跃也不存在。

还有一个情况，1995 年 TPG 刚刚进入的时候，中国大概十个私募基金都没有，只有七个左右，到今天，没有记录在案的没办法统计，但是已有五六百的水平，所以可以看到宏观经济对 PE 市场的冲击是很大的。

对于到底中国市场怎么样，我想做中国市场的 GP 当然要保持一个冷静的头脑，也要保持热情的心态，不然就是自毁长城了，所以我自己对中国目前的状态还是保持比较乐观的心态，这有几个原因。一是我觉得中国政府在 2007 年以后的政策确实是既支持又稳定，是一个比较长远的政策。举个简单的例子，在基础设施上的投资，我们不用大的数字说，但你看看铁路、公路、高铁、航运、机场，这些实际上是中国最关键的经济命脉，中国政府在这方面投了很多的资金。

另外，消费品的市场，我们做了一些调查，在鞋的市场上，美国平均每人每年鞋的消费是17双，中国每人每年鞋的销售是2.4双，这是2009年的数字。再比如说糖，中国也是比美国的平均消费低了很多。所以我觉得市场是很好，任何麻烦乘以13亿人口就是天大的麻烦，任何机会乘以13亿人口也将变成潜在的巨大的机会。所以我个人认为，无论什么时候做GP，都要保持非常冷静的头脑，但是你应该有热情的心看待每一个机会。

人民币这个话题在这几年很热，在座几位做得也已经挺成功了，但是你要记住，你身上肩负着美元LP的众望，你又要开小灶做人民币，那么两边人都骂。我们为什么宣布一口气做俩，一个在上海，一个在重庆，这个到底怎么回事，我跟大家分享一下这个想法。首先一个话题，我们今天是讲GP，我们在座的都是GP，替LP创造价值的人。我们看到中国由于法规，由于市场，由于一些特点，有很多高成长高回报高价值的不是用美元可以投得了的，所以像我们这样一批GP，有很多的投资经验，在国际市场上都是操练了十几二十年的，他们非常愿意结合中国实践，为中国LP创造一个很好的价值，同时又能够解决目前市场以及法规们所形成的困难，这是第一个原因。

此外，我们觉得你手上有两个基金，带给两方的LP是更好的机会，而不是矛盾的机会。比如说你可以有更好的项目源，可以跟要投的公司灵活地组织他的结构。所以这两点对于投资人来说是四赢的局面，被投的赢，投资的赢，两方的公司也赢。我觉得在中国是必须有这样的情况出现，就是一组GP管理两组不同的基金，怎么能管理得好？我想我们大家心里都知道，应该是以LP利益为最大的利益，我想做得最好的就是在座的弘毅和鼎晖了，我只是讲一下背景的想法，其实我们基金还没有融起来呢。

做传统PE，国际上有很多经验可以分享。但这些经验对于中国来说，就像老革命遇到新问题一样，有些经验要从另外角度考虑。比如说在传统PE上，TPG很著名的就是反向思维。如IT泡沫破灭之后，大家都不敢投 IT 了，但 TPG 投了一个 IT 公司，成功 8 倍的退出。石油出现危机的时候，我们接收了美国的航空公司，最后 28 倍退出。这种高风险会带来高回报，但是在经济危机的时候很多企业出现资金风险，流动问题。所以这时候我是看人，因为这一点在中国是最难判断的，不仅是管理层，企业创始人，你的各种合作伙伴，包括你自己 PE 中的合伙人，都要作出判断，这个是最要紧的一条。

第二条经验，我觉得是要看长远，像我们说的，不管是反向思维还是其他，你一定要长远地看到你投资回报的可能性。

第三条经验，我特别强调运营增值，现在中国这么多钱，那么找你还是找银行？可能就是找银行更便宜了。所以你要把你的资本加上增值给需要资源的公司。

这三点我认为在中国做 PE 是最要紧的。

Alberto G. Forchielli：我是曼达林公司的，我们的战略其实非常简单，长期买入，低买高卖，这是我们最基本的一个标准。我们在欧洲买入低点，在中国高位卖。我们曼达林基金是比较成功的私募基金，也比较看重多方位的发展，包括做一些机械设备，还有在一些医院管理的软件方面，还有一些药厂，我们都有投资。第二个领域我们集中投的就是水务处理，包括水处理设备，还有废物处理等等，这也是我们觉得在中国发展很有空间的行业。第三是任何有价值的行业我们都会投，尤其是与原材料相关的行业，比方说我们投了中国很多的石化行业，能源行业。另外我本身是意大利人，我们是非常注重时尚的，我们有很多时尚方面的专家，他们都特别喜欢时尚业务，我们也投了一些时尚业。

这世界上我认为有三个主要的经济体，北美、欧洲、亚洲，每个经济体基本上都可以说是超过几百亿的规模。亚洲 GDP 的增长是 8%，北美在 2% 左右，欧洲只有 1%，所以从这些数字的比较可以看到，1% ~ 2% 的 GDP 增长可能是比较慢的。但是中国经济发展却非常迅速，所以欧洲、美洲的企业要寻找一些投资的渠道，很自然地就有成千上万的资金投到中国市场。所以现在钱从西方流到东方，对于我们 PE 这个行业，在欧洲做募资是比较困难的，因为银行不会向私募注资了。根据最新出台的巴塞尔银行监理委员会的要求，银行的准备金比例在不断升高，所以银行也没有足够多的资金投入到 PE。保险公司也是以这个模式在发展的，所以我们知道对于 PE 资金而言，欧洲是越来越稀缺了，但是在亚洲有很多行业才开始私募投资，保险、银行都开始了，所以中国市场发展非常迅速。中国在不断膨胀，西方在不断缩小，所以西方的一点资金现在还是想挤到东方来的，因为他们看到亚洲市场增长这么快，回报也会很高，因为企业的利润率和盈利能力都是比较好的。你们可以看一下，GDP 这么高，企业盈利能力肯定是很强的，所以我们知道，在中国，PE 资金不管本土市场还是国际市场都有充足的供应。

我们下一只基金就是人民币的，我们已经有承诺资本了，我们已经签署一个协议，当时温总理到了罗马，在那里就承诺了对于曼达林资本的这笔资金是 100 亿。对我来说这是一个原则，我代表欧洲的资本，代表欧洲的发起人，他们相信我，让我到中国来投资，他们听我的意见，但是钱是放在卢森堡，这是一种尊重。但是我们下一只基金是人民币。我觉得不管怎么样，下一只肯定是人民币，这样才公平一些。我们其实做了很多海外投资，不管人民币可不可以转换，我想等到我们基金募款结束的时候，等我们最后退出的时候，那时候再去想人民币转化的问题就可以了。现在有这种担忧的人可以把钱放在我们在卢森堡的账户里面。我认为人民币如果不能兑换，我可能同时还要做一个欧元基金。我觉得中国有一个好事，至少政策很明确，你的思考要有前瞻性，你不要只想着现在会怎么样，我想等这个基金关闭的时候，可能还要一两年时间我们才会完成所有法律的工作，把钱也到账。如果两年之后我用不了人民币做海外投资的话，或者人民币没有办法换美元或者欧元的话，我就要先做一个对冲基金了，来对冲这个风险，但是那个时候再想，现在不用过早担心。

因为我们是作为离岸的投资机构，主要是在欧洲投资，当然我们也在上海做了一些投资。我觉得我们在中国做估值可能跟欧洲不一样，因为我们觉得欧洲不只是一个模型，我们做了多个估值模型。我觉得在中国现在 PE 已经很多了，中国现在做 PE 的价格也已经比较高了，所以说有一些人民币基金的投资期过短，使你无法专注投一个时间比较长的项目，有一定的危险。假设一场盛宴，你刚来别人就要走了，宴席就要散了，所以该散就要散。互联网泡沫的时候，很多人就发明新的模式，不要用一般倍数来看互联网。

资本001：股权投资基金（已出版）

目录

资本003：企业上市（即将出版）

目录

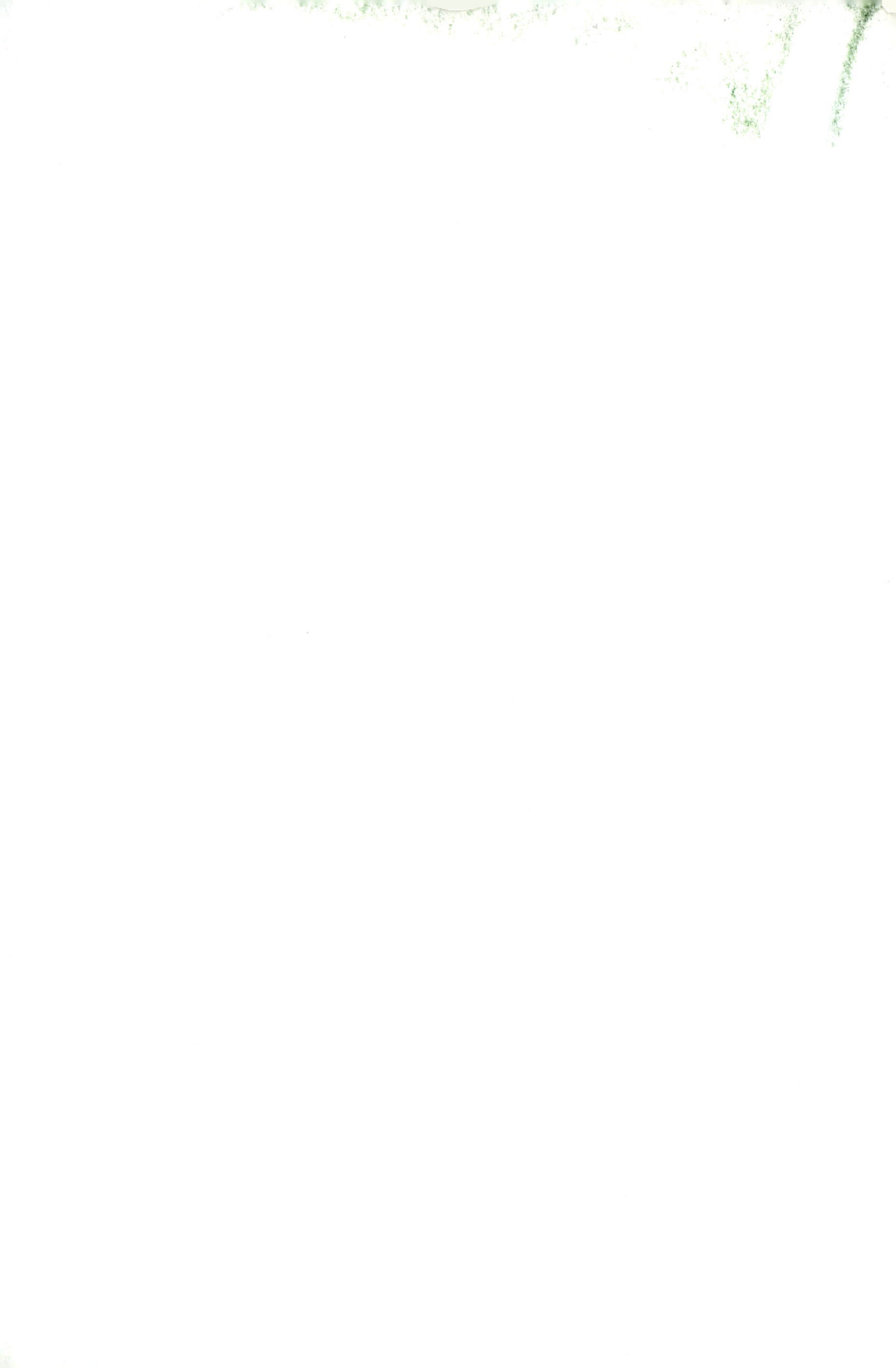